智慧魔方大挑战

甩掉
糊涂虫的帽子

崔钟雷　主编

知识出版社

前言 FOREWORD

　　书是钥匙，能开启知识之门；书是阶梯，能助人登上智慧的高峰；书是良药，能医治愚昧之症；书是乳汁，能哺育人们成长。让我们在好书的引导下，一起探寻知识的奥秘……

　　《智慧魔方大挑战》旨在帮助小学生们在打牢知识基础的同时，不断培养他们勤于思考、善于思考的能力，从而为今后的学习和生活打下良好的基础。本套丛书共 20 册，其中《一本不能错过的谚语书》《你没有读过的歇后语》通过生动有趣、形象简洁的文字描述，可以使小学生们从中体会深刻的道理；《根本停不下来的成语接龙》《让你疯狂点赞的成语接龙》可以培养小学生们成语初步应用的能力和提升成语活学活用的能力；《扩充你的脑容

量》《天才第一步》及《成为游戏达人》通过综合训练，使小学生们的逻辑思维能力和形象思维能力都得到显著的提高……

此外，我们还在书中加入了一些扩展阅读，目的是使小学生们在掌握基础知识的同时，眼界变得更加开阔，思维变得更加灵活。

本套丛书版式设计精美，插图生动有趣，内容丰富多彩，是小学生们学习生活中不可多得的良师益友。好了，我们现在就开始阅读吧！

目录

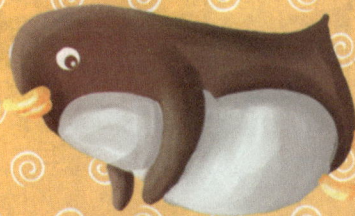

1. 两个理发师

有一个聪明人旅行到一个陌生小镇，镇上只有两家理发店。聪明人想要理发，于是来到第一家理发店，他发现店面很脏，而且理发师头发凌乱，衣衫不整。聪明人又去了另外一家店。聪明人发现这家店很干净，理发师衣着整齐得体，头发时尚新颖。你知道为什么聪明人偏偏选择去第一家店剪头吗？

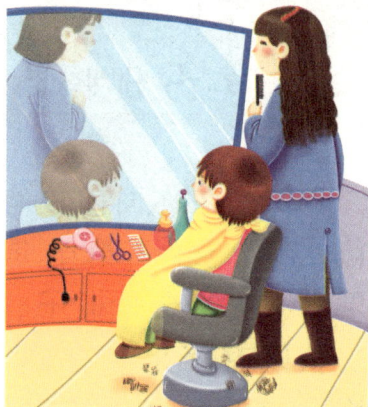

2. 巧断谋杀案

一天，小辉和小武去远郊别墅看望安琪奶奶。当他们抵达别墅时发现房门是虚掩的。于是他们推门而入，看到安琪奶奶趴在饭桌上已经断气了。从伤口看，这显然是一个谋杀案。小辉环视一周，发现房间被翻得乱七八糟，角落摆着一摞报纸和两瓶过了期的牛奶。小辉看后马上断定出谁是真正的凶手。你知道凶手是谁吗？

3.巧分水果

如果在你面前放有三箱水果，第一箱全是苹果，第二箱全是橘子，第三箱既有苹果又有橘子。箱上的标签全是错误的，如果标签上写的是苹果，那么箱子里肯定不会只有苹果，还可能有橘子。你有办法从其中一箱拿出一个水果，然后仅凭拿出的水果写出箱子上的正确标签吗？

4.谁当"小偷"

小明、小丁和小红三个人是很要好的朋友。一天，他们想玩抓小偷的游戏，可是谁都不愿做小偷，于是他们决定用抽签的方式决定谁做小偷。可是他们都觉得第一个抽签的人抽中的几率最大，所以谁都不肯先抽。最后他们只好找人来评理。如果你就是他们找来评理的人，你会怎么回答这个问题呢？

5.捉青蛙

梅梅和丽丽比赛捉青蛙，梅梅比丽丽捉得多。如果丽丽把捉的青蛙给梅梅3只，则梅梅捉的就是丽丽的3倍。如果梅梅把捉的青蛙给丽丽15只，则梅梅和丽丽捉的青蛙一样多。你知道梅梅和丽丽各捉了多少只青蛙吗？

6.大解救

现在有一家六口（爸爸、妈妈、两个儿子、两个女儿）在远足时迷路，恰巧碰到一个警察和一个犯人。只有渡河才能使他们平安回家。而能控制舢板的又只有爸爸、妈妈和警察，无论成人还是小孩，一次只能承载两人过河。如果在渡河时，警察不能和犯人分开，女儿不能离开妈妈，儿子不能离开爸爸，两人渡到对岸后必须由其中一人将船划回，你有什么好办法能使所有人都能平安抵达对岸吗？

7. 生虫子的杏子

一天，小强和同伴们在路边看见了一棵长满了金黄色杏子的杏树，小伙伴们都跑去摘杏子了，只有小强站着不动，有人问他为什么不去摘杏子吃，小强说："杏子都生了虫子了。"刚说完，那些去摘杏子的伙伴们都跑回来了，还失望地捧着生了虫子的杏子来给小强看，你知道小强为什么会知道杏子都生了虫子吗？

8. 四只兔子

森林里有四只兔子，它们的年龄依次为 1~4 岁。它们有一个奇怪的特点，就是当它们说的是关于比它大的兔子的话都是假话，说比它小的兔子的话都是真话。兔子 A 说："兔子 B 三岁了。"兔子 C 说："兔子 A 不是 1 岁。"你能通过它们的话推断出它们的年龄吗？

9. 愚蠢的船员

有一艘日本货船要送货到欧洲。航行中的一天，船长发现自己的抽屉打开着，里面的金表不见了。平时能进到他房间的只有大副、二副和三副。于是船长把他们叫来。大副说："我进来送过一次东西，没见到你就走了。"二副说："我刚才看到您抽屉开着正要报告呢。"三副说："我没来过，之前我在船尾，看到国旗挂倒了，于是一直在挂国旗。"船长马上叫三副把金表交出来。你知道为什么吗？

10. 赛铅球

世界铅球比赛开始了，各国运动员都奋勇争先地拼搏着。最后成绩最突出的三个选手甲、乙、丙分别来自美国、德国和英国。如果甲的成绩优于德国选手，乙的成绩优于英国选手，而丙则称赞英国选手的成绩优秀，那么甲、乙、丙分别是哪国的选手呢？

11. 足球里的毒品

国际毒贩肖恩躲过层层排查，经过多个国家，马上就要将价值1000万的毒品带入美国。肖恩采取的方法是将毒品藏进上面签有多国球星英文签名的足球中。肖恩认为，谁也不会忍心将这样珍贵的足球剖开来检查。但是在美国机场安检的时候，警探怀特拦住了肖恩。怀特一眼看出了肖恩的阴谋，你觉得他是怎么看出来的？

12. 猜帽子

七个小孩一起做游戏。其中六个小孩坐成一圈，把剩下的一个小孩围在中间。中间的小孩被蒙上了眼睛。有人给这七个人戴帽子，四个人戴白帽子，三个人戴黑帽子。由于被中间的小孩挡住视线，所以围成一圈的小孩都看不到自己正对面的小孩帽子的颜色。现在让每个人都猜自己帽子的颜色。外围的孩子都不能确定自己帽子的颜色。而被围在中间的小孩猜到了他戴的是白帽子。为什么？

13. 帽子舞会

一群人开了一个帽子舞会。每个人都被戴上一顶帽子。帽子只有黑白两种颜色。其中黑色至少有一顶。人们看不到自己帽子的颜色。主持人让大家看看周围人帽子的颜色，然后让觉得自己是戴黑帽子的人在关灯后打自己耳光。第一次关灯后鸦雀无声。开灯后主持人让大家再看看，灭灯后仍然安静。第三次关灯后才传来了噼噼啪啪的打耳光声。你觉得舞会上有几个人戴黑帽子？

14. 说谎国

从前有一个说谎国。说谎国由两个地区组成，一个是天南区，一个是地北区。天南区的人只在星期一、三、五说谎，而地北区的人只在星期二、四、六说谎。一天，小孙来到这个城市旅游，分别问了两个人关于日期的问题。两人都说："前天是我说谎的日子。"如果两个人一个是天南区的，一个是地北区的，这天应该是星期几呢？

15. 黛丝的王子

黛丝觉得，王子的形象就应该是相貌英俊，皮肤黑黑，个子高高的。黛丝的妈妈给黛丝介绍的四位男友甲、乙、丙、丁中，只有一位符合上面的三个条件。这四位男士中三个人是高个子，两个人是黑皮肤，一个人相貌英俊。甲和乙肤色相同，乙和丙身高相同，丙和丁不都是高个子。你觉得谁最配做黛丝的王子呢？

16. 被猜测的存款

很多人都好奇单位号称最穷阿三的小周银行里到底能有

多少存款。甲说："小周有 500 元的存款。"乙说："小周怎么说也至少有 1000 元的存款。"丙说："我觉得小周的存款在 1000 元到 2000 元之间。"丁说："小周的银行里最多有 100 元。"如果这四个人都没有猜中了小周的存款数额，你能猜出小周到底有多少存款吗？

17. 英雄的审判

从前，有一个国家的大英雄犯了罪，被国王关到一个特殊的审判房中。房间有两道门，一道是活门，打开后英雄便能自由，另一道是死门，打开后，英雄就会被狮子吃掉。房间里有两个提示人，他们都知道哪个是活门哪个是死门。两个提示人一个很诚实，一个从不说真话。英雄可以问他们其中一个人一个问题。英雄最后获得了自由。你猜英雄问的是什么问题？

18. 真假难辨

布朗、肖恩、罗斯是三只来自不同国家的鹦鹉。来自 A 国的鹦鹉只会说真话，来自 B 国的鹦鹉只会说假话，来自 C 国的鹦鹉往往先说真话后说假话。现在请你根据他们的对话推测他们分别来自于哪个国家。布朗说："罗斯来自 C 国，我来自 A 国。"肖恩说："布朗来自 B 国。"罗斯说："肖恩来自 B 国。"

19. 调皮的机器人

有三个刚出厂的机器人由于程序失误造成他们都出现了自己的个性。一个机器人只说真话，一个机器人只说假话，还有一个机器人时说真话时说假话。厂长无法分辨他们便把丁教授找来帮忙。丁教授问左边的机器人："你旁边的是谁？"机器人回答："诚实的家伙。"教授问中间的机器人："你是谁？"机器人说："犹豫不决的家伙。"教授又问右边的机器人："坐在你旁边的是谁？"机器人回答："说谎的家伙。"你能猜出他们各自的实际特性吗？

20. 无辜的小狗

汉森太太非常爱她的小哈巴狗，可是她的邻居约翰太太却很讨厌狗。一天，约翰太太猛敲汉森太太的房门。"你家的狗把我咬伤了，你看怎么办吧。"约翰太太说。"不可能，我的狗一天都在我身边，它咬伤你哪了？"汉森太太说。于是约翰太太卷起了裤子，腿上有咬伤的痕迹。汉森太太气愤地否定了约翰太太并指出证据，约翰太太只好灰溜溜地走了。你知道这是为什么吗？

21.汉斯城里一日游

某天，乡下的汉斯到城里办事。他首先在银行里兑了 50 元的钞票，然后买了一张当地发行的周报。路过理发店时，汉斯顺便剪了头发。最后汉斯到农贸市场买了些葡萄，到药店买了些农药就回乡下了。已知城里的药店周日休息，理发店周一休息，银行双休日休息，农贸市场一、三、六开张。请推测汉斯是在一周的哪一天进的城？

22.猪排和火腿

安仔、福仔和特特每天中午都喜欢到同一家饭店吃饭。他们只点猪排和火腿两种食物。如果安仔要火腿，福仔肯定就要猪排；安仔和特特 有一个人要的是火腿，但

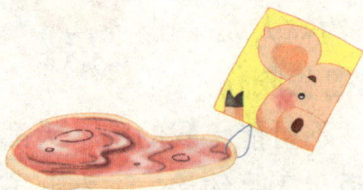

是不会一起要火腿；福仔和特特不会一起要猪排。你知道谁昨天要火腿而今天要猪排吗？

23. 麻烦的人

有个人身上有个很奇怪的毛病，就是喜欢将任何事情都复杂化。有一次，他上班的时候很认真地看一张照片，于是同事就问他照片里的人是谁。这个人答道："照片里的人的丈夫的母亲是我丈夫父亲的妻子的女儿，而我丈夫的母亲只生了他一个孩子。"同事被他的话搞得晕头转向的。你知道照片里的人是谁吗？

24. 酒桶里的秘密

有个酒商，手里一共有 6 桶酒，其中有 5 桶葡萄酒，1 桶啤酒。6 桶酒容量分别是 30 升、32 升、

36升、38升、40升和62升。这天，有顾客甲来买走了两桶葡萄酒，而顾客乙买走的葡萄酒容量是顾客甲买走的两倍。你能推测出哪个桶里装的是啤酒吗？

25.硬币游戏

1元

有这样一个硬币游戏，两人拿来 10 枚硬币，双方轮流从中取走 1 枚、2 枚或 4 枚硬币。谁拿到最后那一枚硬币，谁就算输。你有没有什么办法能使自己总是取得这个游戏的胜利呢？

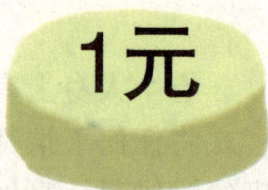

26.门铃机关

有个富翁，因为每天来找他办事的人实在太多，所以家里的门铃每天总响。富翁嫌太吵便找来一个

科学家给他安装了一种特殊门铃。这种门铃有六个按钮，只要按错一个，门铃便不会响。大门上贴着这样一张提示：A 在 B 的左边，B 是 C 右边的第三个，C 在 D 的右边，D 紧靠 E，E 和 A 中间隔着一按钮，上面没有提到的按钮便是正确按钮。你知道哪一个门铃才是正确的那个门铃吗？

27. 许愿花

　　传说中有种许愿花，只要按一定的方式操作便可达到许愿的功用。两个女孩找到了这朵花，然后开始了她们的许愿仪式。这朵花一共有 13 片花瓣，她们约定轮流摘一片或相邻的两片花瓣，谁摘到最后那片花瓣谁便取得了许愿的资格。其实这个游戏有一个常胜秘诀，你知道怎么做才能每次都赢吗？

28. 过河

放羊娃想要过河，可是没有桥，只有一条船。放羊娃手里牵着两只羊和一条狗。船很小，所以他每次只能带一只狗或一只羊过河。可是如果单独把狗和羊放在一起，狗又会把羊吃掉。你有办法让放羊娃把小狗和小羊都用船安全载到河对岸吗？

29. 爪下逃生

有位猎人分别赶走了三只正要吃人的狼。现在已知：救出的这三位姑娘分别是云儿、农夫的女儿和白狼要吃的女孩。琳琳不是书店家的女儿，黛丝不是管家的女儿；黑狼要吃的既不是书店家的女儿也不是黛丝；红狼要吃的不是琳琳。你能根据上面的条件推出这三个女孩分别来自谁家又是从哪个颜色的狼爪下逃生的吗？

30.神秘的 K

K 在一家只有 16 人的小医院中上班。无论是否算上 K，下面的情况都不会改变：护士多于医生；男医生多于男护士；男护士多于女护士，至少有一位女医生。你能猜出 K 在医院中是做什么的吗？

31.安静

警长裘德和商人卢比住的很近。一天裘德听到不远处传来枪响便跑出家门，看到卢比正向自己家跑来。卢比惊慌的说："不好了，我的客户被杀了。"于是卢比道出刚才发生的事："当时我和我的客户正在看电视，突然停电了，一个大高个闯了进来杀死了我的客户。"裘德来到卢比家中，看到漆黑中的死尸。裘德拉开了房间的电闸，灯马上亮了起来，周围一片安静。裘德马上逮捕了卢比。你知道裘德是怎么知道卢比是凶手的吗？

32.水能喝吗

有一个村子，村民一部分说真话，一部分说假话。一个晴朗的上午，小光路过这个村子，想找点水喝，他看见了一瓶水，就和一个村民说："今天天气真好啊！"村民说："是啊。"小光说："这水可以喝吗？"村民说："可以。"那么这水能喝吗？

33.贝壳把戏

公园中有很多用猜奖方式欺骗小孩子的商贩，比如贝壳猜豆就是其中的一种。游戏规则是在地上放三个贝壳，其中一个里面放颗红豆，猜中红豆者便赢。有的商贩为了吸引顾客还加上了新的条件：可以让顾客先选中一个贝壳，然后为顾客翻开另外两个贝壳中的一个空贝壳，那么红豆就在剩下两个贝壳中。你知道为什么即使商贩这么做了仍然能只赚不赔吗？

34."盗"高一尺

阿三以偷盗为生。这天，和往常一样，阿三来到人来人往的地铁准备对乘客们下手。阿三最先偷了一个时髦美女的钱包。美女下车后阿三又偷了一位白发苍苍的老人和一个穿西装的帅哥。下车后，阿三拿着三个钱包发现里面加起来才100元。而阿三自己那个装有1000元的钱包却不见了。阿三口袋里还有一张纸条："竟然敢偷我的钱包，让你也尝尝丢钱包的滋味。"你知道是谁偷了阿三的钱包吗？

35. 尖子生

有四个尖子生坐在一起聊天。他们分别是学校数学、物理、化学、外语的第一名。甲觉得是丁考了外语第一名，乙觉得是丙考了物理的第一名，丙觉得数学第一名肯定不是甲，丁觉得化学的第一名肯定是乙。他们中只有数学和外语获得第一名的两位同学推测对了。你知道他们各是哪科的第一名吗？

36. 谁说的是真话

小林家和小丽家共有四条狗，分别叫宝宝、欢欢、灰乐和小黑。一天，这四条狗凑到了一起，开始了对话：穿红色衣服的狗说："穿黄衣服的是宝宝，穿蓝衣服的是欢欢。"穿黄衣服的狗说："穿蓝衣服的是灰乐，穿白衣服的是小黑。"穿蓝衣服的狗说："穿白衣服的是宝宝。"穿白衣服的狗说："穿红衣服的是宝宝，穿蓝衣服的是小丽家的。"在这些话中，如果关于自己家的话是真实的，关于别人家的话是假的。你能猜出它们都是谁家的吗？

加油　良好　真棒

37.谁是作案者

一天，两名司机和仓库保管员一起到仓库去领东西。一个司机随保管员进仓库取东西，另一个司机在外看车。可第二天保管员却发现仓库里的东西被盗了，但门窗房顶均完好无损，并没有被盗过的痕迹，警察来了后，询问了一下情况，立即判断出了作案者，那么你知道作案的人是谁吗？

38.消失的子弹

一声枪响后，富翁肖恩倒在了自己别墅的后花园中。警察赶到后经过仔细勘察，没有在现场发现任何有用的线索。于是警察将肖恩的尸体带回警局仔细检查。肖恩确实是被人用子弹从正面胸口射中心脏后死亡的，而且子弹深度达 10 厘米。可是警察却怎么也找不到子弹壳。可见这起谋杀案是非常专业的杀手所为。你知道凶手的子弹是用什么做的吗？

真棒　　良好　　加油

39. 智者巧提问

有甲和乙两个国家，甲国家的人一直说真话，乙国家的人一直说假话，有个人来到其中的一个国家，想找人问问这是哪个国家，但却不能肯定回答的人说的是否是真话，于是他想了一会儿，突然想到了怎么问才会得到确定的答案，你知道他怎么问的吗？

40. 苹果箱子里的秘密

有两个装苹果的箱子，其中有一个是空的，一个装满了苹果，两个箱子上都贴着字条且只有一个字条是正确的。甲箱上写着："乙箱的字条属实，而且苹果在乙箱内。"乙箱上写着："甲箱的字条是假的而且苹果在乙箱内。"那么苹果究竟在哪个箱子里呢？

41. 谁才是智者

甲、乙、丙三人中只有一人是智者，一天他们参加物理和化学两门考试。甲说："如果我不是智者，我将不能通过物理

考试，如果我是智者，我将能通过化学考试。"乙说："如果我不是智者，我将不能通过化学考试，如果我是智者，我将能通过物理考试。"丙说："如果我不是智者，我将不能通过物理考试，如果我是智者，我将能通过物理考试。"考试结束了，三人都说对了，并且智者是 3 人中唯一通过某门考试的人，也是 3 人中唯一没有通过另一门考试的人，你知道谁才是那个智者吗？

42. 骑马受伤

杰克、麦克、乔治、约翰和亨利 5 个人骑马，却不幸有 1 人受伤了。你能根据下列条件判断出谁受伤了吗？

(1) 杰克是单身汉。

(2) 受伤者的妻子是约翰的妻子的妹妹。

(3) 亨利的老婆的女儿前几天生病住院了。

(4) 麦克亲眼目睹了整个事故发生的经过，再也不想骑马了。

(5) 约翰的妻子没有外甥女也没有侄女。

43. 糊涂的关系

一个年轻人和一个老年人一前一后走路，这时走过来

一位老大娘，她问年轻人："前面走的是你父亲吗?"年轻人回答："是的。"她又问那个老年人："那个年轻人是你儿子吧?"可老年人却回答："不是。"年轻人和老年人说的都是真话，那这又是为什么呢?

44.谁会说汉语

有 A、B、C、D 四个人。A 说："C 会说汉语。"B说："我不会说汉语。"C 说："B 会说汉语。"D 说："A会说汉语。"四人中只有一人说的是真话，其他三人说的都是假话，那么，到底谁会说汉语呢?

45.符合要求

公主选驸马的标准是鼻子高、皮肤白、长相帅气的男子。现有四位男子 A、B、C、D，只有一名符合公主的全部要求。

（1）这四个人中只有一人长相帅气，两人皮肤白，三个人鼻子高。

（2）每个人都至少有一样符合要求。

（3）C 和 D 中有一个是高鼻子。

（4）A 和 B 都不是白皮肤。

加油　良好　真棒

（5）B 和 C 都是高鼻子。

请问谁是最符合公主要求的呢？

46. 一家四口

星期天，小新一家四口都在家里。爸爸没打电话，也没整理房间，妈妈没有看电视，也没有打电话，哥哥没有打电话，也没有整理房间。如果爸爸和妈妈都不在看电视，小新也不在打电话，那么这一家四口到底是谁在整理房间呢？

47. 农夫的话

市政府大楼被盗的一天晚上，警察在经过一系列调查后将嫌疑犯锁定为住在附近的一个农夫。

警察问农夫："晚上十点钟你在哪里？"

农夫："在家。"

警察："在家干什么？"

农夫："我家的鸭子在孵蛋，我在等着小鸭子的出生。"

请问，农夫的话可信吗？

真棒　良好　加油

48. 红绿灯

警察局引进了一台预测机，它可以预测一小时之内是否可以发生某事，如果会发生，它就会亮绿灯，如果不会发生就会亮红灯。可新来的小王却认为它并不那么可靠，因为他说一句话，预测机就不知道该亮绿灯还是红灯了，是什么话呢？

49. 标准时间

阿森买了一块新手表，新手表的时间每天比家里的时钟慢三分钟，比电视的标准时间快三分钟。于是他就认为他的新手表的时间是标准的。你认为阿森的推断正确吗？

50. 两个箱子

魔法师那里有两个箱子，一个是装着 1 万元钱的透明

的箱子，另一个是或者装着 100 万或者什么都没有的黑色箱子。你只有两个选择，一是拿走两个箱子，一是拿走黑色箱子。前面的很多人都选择了两个箱子都拿走，结果只得到了 1 万元，而只选择黑箱子的，则成了百万富翁。这时，魔法师离开了，让你再做一次选择，你会怎么选呢？

51.走出迷宫

小明在迷宫中转了很久，一直都没有找到出口，他很害怕。这时，他发现了三条路，每条路的路口都有一句话，第一个路口上写着：这是通向出口的路。第二个路口上写着：这不是通向迷宫出口的路。第三个路口上写着：另外两个路口上的话一句是真的，一句是假的，我的话绝对不会错。那么小明选择哪条路会走出迷宫呢？

52.真正的古董

花花最喜欢和爷爷去古玩市场看古董了，爷爷可是古董方面的行家，假古董总是逃不过他的眼睛。这天，在古

玩市场，迎面走来一个人拿着一面古铜镜叫卖，声称是真正的古董。爷爷上前拿起铜镜，看到了镜面上铸有"公元前三十五年造"的字样，爷爷没问价钱转身就带着花花走了。花花用不解的眼神望着爷爷，爷爷只说，那面铜镜是假的。你知道爷爷是怎么判断出那面古铜镜是假的吗？

53. 字母谜题

右图中的哪一个字母与其他字母不同？

A E I O U

54. 数字的逻辑

看图中数字的关系，填出三角形中的数。

3　　5　　8

12　　17　　?

55. 电话密码

下列数字是一个密码专家通过电话按键传达出的信息，请你根据这些数字推测出丢掉的那个数字是多少。

556736853060

92171564960

26892314？

56.哪个图形不同

在下列图中请找出一个与其他三个不同的图形。

A　　B　　C　　D

57.毕氏三角数

$3^2 + 4^2 = 5^2$;
$5^2 + 12^2 = 13^2$;
$7^2 + 24^2 = 25^2$;
$9^2 + 40^2 = 41^2$;
$11^2 + 60^2 = 61^2$;
$13^2 + 84^2 = 85^2$;

某些毕氏三角数有一定的规律,请看下列的毕氏三角数;

你能推出下一组毕氏三角数吗?

58.大挂钟

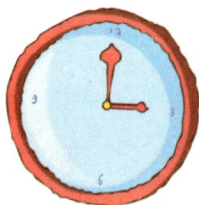

萧萧家的大挂钟在报时的时候,相邻两次的钟声间隔为5秒钟。如果大挂钟连续敲12下,需要多长时间?

59.与众不同

Q H M I K
A B C D E

在 A、B、C、D、E 这 5 个图形中,哪一个是与其他图形不同的?

60. 逻辑游戏

按照图中的逻辑，Z 应该是红色还是黄色的呢？

A	B	C	D	E
F	G	H	I	J
K	L	M	N	O
P	Q	R	S	T
U	V	W	X	Y

61. 有规有矩

下面有十个数字，这些数字是按照一定顺序排列的，你能猜出是按照什么规则排列的吗？

8 2 9 0 6 7 3 4 5 1

62. 符号补角

看看三角形中带"?"的一角应该填上什么符号呢？

63. 谁是小偷

在一列去往 A 地的火车上，甲乙丙丁四个人住在同一间包厢

的四个床铺，中途停车10分钟。在列车启动前，甲离开了座位，但是回来时却发现自己的手提包不见了。乘警接到甲的报案后对同一包厢的其他三人进行调查。乙说停车时他下车去买早点了，丙说自己在停车时到车上的厕所方便去了，丁说自己去另一车厢看朋友去了。乘警听完后，确定了小偷就是丙。你知道乘警是怎么判断的吗？

64.用数字补全

先找一下图中数字的规律，然后想一想"？"处应该填什么数呢？

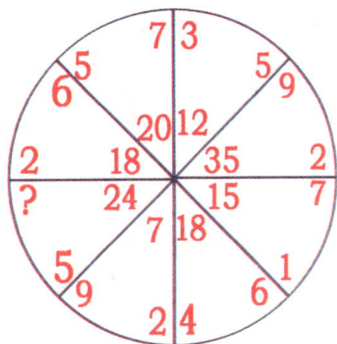

65.线索

汉克斯最近投资股票赔钱了，精神状态很不好，失踪两天后，人们在他的别墅中发现了他的尸体，是被刀片割断喉咙而死的。据警方了解，汉克斯在死前曾购买了巨额人寿保险，如果是死于意外，将获得赔偿，受益人是他的太太；如果是自杀则不能得到赔偿。但是在调查过程中，警方发现，汉克斯应该是自杀，这是一起保险诈骗案。因为现场找不到自杀用的刀片，这就形成了他杀的假象。最后警方在死者旁边发现了鸟的羽毛，线索就清晰了。你知道是怎么回事吗？

66. 数字排排站

6 和 5，能得到的最大的数是 65；0，2，3 组合能得到的最大的数是 320。那么 6,4,7,9,2 组在一起，怎么排列能得到最大的数呢？

67. 第二现场

吉姆被发现死在了自己的卧室中，经过法医鉴定，死亡时间大约是在 24 小时以前，是他杀。但是现场并没有作案的痕迹。最近正在停电，刑警注意到桌子上的蜡烛一直是燃着的，突然，他发现了线索："这是第二现场，尸体是从别处转移过来的。"

你知道刑警为什么会做出这样的判断吗？

68. 贴错标签

现在有三个盒子，里面分别装有两只白球，两只黑球，一只白球一只黑球。盒子外面分别贴着标签，但是粗心的小明将标签贴都贴串了。你能只从其中一个盒子中取出一只球，就能辨别出每个盒子都应该贴什么标签吗？

☀ 69. 婆婆好福气

一位婆婆说，她的家族中有一位祖父，一位祖母，两位父亲，两位母亲，四个孩子，三个孙子，一个哥哥，两个姊妹，两位儿子，两位女儿，以及法律上的一位父亲，一位母亲和一位女儿。但是她家中只有七口人。你能弄明白这是怎么回事吗？

☀ 70. 蟑螂助断案

在河面上打捞了一具尸体，验尸时发现了被害人内衣里有一只蟑螂。现场的长官立刻断定："这个人是在室内被杀然后抛尸河中的。"蟑螂为什么会提供这样的线索呢？

☀ 71. 谁是凶手

在女生单身宿舍中，发现了王老师穿着睡衣躺在血泊中死了。经法医鉴定，死亡时间大约是前一天晚上9点左右。根据调查，发现了两名嫌疑人，就是昨天晚上9点左右来过的两个人，一个是王老师的男朋友，一个是她的学生。在门铃上都发现了他们的指纹。但是当警方看到了门上的"猫眼"后就确定了真正的凶手。

你知道真正的凶手是谁吗？

72.逻辑推理

按照一定的逻辑顺序，你能否推出"？"应该是什么字母吗？

C	E	G	I
H	J	L	?

73.色彩排列

图中 7 种基本色和搭配色之间色彩的排列有些混乱，你能把它们重新排列一下吗？

赤	黑	橙	白	绿	灰	黄	翠绿	青	粉红	蓝	淡紫	紫

74.生日在哪一天

一天，妈妈的朋友丁阿姨来拜访，正巧皮皮刚刚过完生日不久，丁阿姨问皮皮几岁了。皮皮说："前几天我是

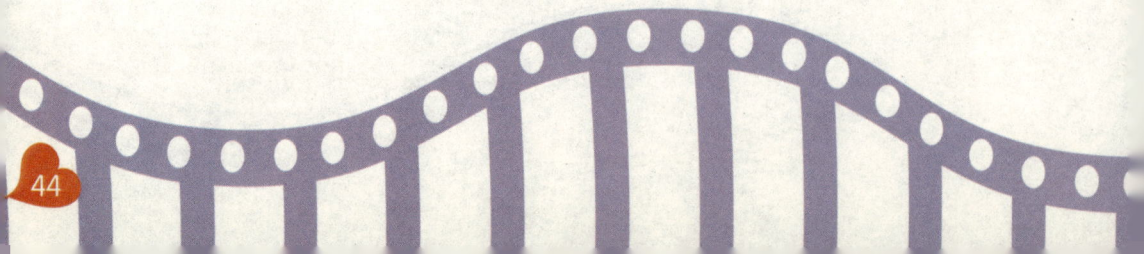

11 岁，明年我将 14 岁。"

你知道丁阿姨拜访的这一天是几号，皮皮的生日又是哪一天吗？

75. 巧推理

你能根据所给的图推断出 b 的对面是什么字母吗？

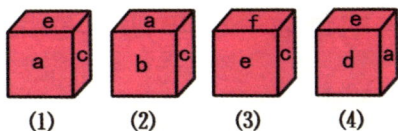

(1)　　(2)　　(3)　　(4)

76. 翻日历

假如 4 月 13 日是星期五，距离下一个 13 日星期五有多少天呢？

2	5	8
7	4	1
12	9	

77. 按规律填表格

先找规律，然后将表格补全。

78. 有五个星期二的月

这个月有五个星期二，并且这个月的 13 号是星期二。你能知道这个月

的最后一个星期五是几号吗？

☀ 79.老地质队员之死

一位老地质队员在一个初秋的早晨，被发现死在了森林中一棵大树下的帐篷中，刑警队长在仔细调查现场之后断定：帐篷是第二现场，并且案件性质是他杀，那么请问刑警队长为什么会做出这样的结论呢？

☀ 80.亮亮请病假

一天，亮亮不想去上学，就想给老师捎张假条去，他用圆珠笔诚恳地写了满满一张纸来描述自己的病情，并说自己是因为病重躺在床上仰面写的。可是老师在看了亮亮的假条后，马上就判断出亮亮在撒谎，你知道这是为什么吗？

81. 找规律

仔细观察图中有什么规律，想想看问号中应该填什么数字呢？

2　5　7

4　7　5

3　6　?

82. 包拯断案

有两位母亲为了争一个婴儿起了纠纷，她们都说孩子是自己的，于是来找包拯断案。包拯觉得这家务事是

最难断的，要怎么办才能判断出谁是孩子的亲生母亲呢？他沉思了一会儿，想出了一个好办法。你知道是什么办法吗？

83. 各就各位

方格中的数字是有规律的，你能根据规律将空缺补上吗？

	10		20	
4		12	16	20
	6	9		
	4			
1			4	

84. 分苹果

现在有 24 个苹果，按岁数将苹果分给梅梅、冰冰和雷雷三个人，但是分苹果时参照的年龄是他们三年前的记录。其中梅梅最小，雷雷最大，如果按照现在的年龄应该这样分：将梅梅苹果的一半给冰冰和雷雷平分，再将冰冰苹果的一半分给梅梅和雷雷，最后将雷雷苹果的一半分给梅梅和冰冰。请问，现在他们三个分别多少岁了？

85. 猜一猜

在一个游戏中，主持人在手中写了甲、乙、丙、丁其中一个人的名字，让他们四个人猜。

甲：是丙；乙：不是我；丙：不是我；丁：是甲。

主持人说这四个人中只有一个人说的是对的。那么请你猜一猜，究竟是谁的名字呢？

86. 排座位

在一个科技交流会上，主办方安排的是圆桌会议。参加交流会的有甲、乙、丙、丁、戊五个人。其中甲是中国人，会说英语；乙是法国人，会说日语；丙是英国人，会说法语；丁是日本人，会说汉语；戊是新西兰人，只会说英语。如果你是会议主办方的工作人员，你该怎样安排座位，使大家都能够顺利地交流呢?

87. 开玩笑

分别要去北京、上海、大连的三个人甲、乙、丙同住旅店。要登记去处的时候，三个人和服务员开了一个小玩笑，甲说他不想去上海，乙说他不去大连，而丙说他既不去北京，也不去大连。你能帮助服务员判断一下三个人的目的地究竟是哪里吗?

88. 换一种说法

A.因为会说外文就可以称得上是国际人了。

B.不会说外文就不算是国际人。

C.一个国际人只会说外文是不够的。

D.一个国际人一定要会说外文。

这四句话哪句的意思与"只是会说外文，不代表就是国际人"最相符？

89. 出生日期

1990 年，吉姆不到 100 岁，当吉姆 N 岁的时候，那一年正好是 N 的平方，你能推断出吉姆是哪一年出生的吗？

90. 猜职业

小王、小李、小蒋是邻居，小蒋住在中间。他们三个人中，一个是木匠，一个是瓦匠，一个是鱼贩。现在根据给出的一些线索，你能够准确猜出三个人的职业吗？

A. 鱼贩在小王不在的时候，到处追赶小王饲养的猫。

B. 小李每次带女朋友回家，木匠总是咚咚地敲小李的墙。

91. 转盘上的数

右面是一个转盘，上面的数之间存在着某些关系，请你根据这些关系，在"?"上填上合适的数字?

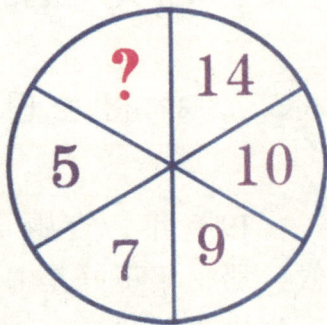

92. 谋杀

一警员向警长报告，说："死者的右手三个星期前被打断了，一直不能活动，我们在他裤子的右兜里发现了一盒火柴，而在左兜里发现了一包香烟。"警长听了他的话，马上说："这肯定是一起谋杀。"你知道警长为什么这么说吗?

93.发现陆地

一只考察船到了南极，考察员正在为找不到陆地而烦恼这时有人捉到了一只企鹅，他们在企鹅的嗉囔里发现了一个石子，于是他们兴奋地喊了起来："找到陆地了，找到陆地了。"你知道他们为什么这么说吗？

94.盲人分衣服

有两位盲人各自买了两件相同的黑衣服和两件相同的白衣服，这些衣服的大小、材质完全相同，他们不小心将几件衣服混在一起了，怎样才能区分出黑衣服和白衣服呢？

95. 我们都知道

我们知道 1 美元 =100 美分。流通的小面值的硬币有 1 美分、5 美分、10 美分、25 美分和 50 美分。莉莉现在有 1.15 美元，却换不开任何一种小面值的硬币。她的 1.15 美元是由哪些硬币组成的呢？

96. 找共同点

仔细观察下面的三组数字，看看每组数字都有什么共同点呢？

$$1, 3, 8, 7 \qquad 2, 4, 6 \qquad 5, 9$$

97. 谁才是姐姐

小华和小秋是两姐妹，有人问她们谁是姐姐。小华说："我是姐姐。"小秋说："我是妹妹。"她们俩人至少有一人在说

加油　良好　真棒

谎，而且她们不是双胞胎姐妹。那么，谁才是姐姐呢？

98. 把表格补全

观察表格，看看"？"中应该填什么数字呢？

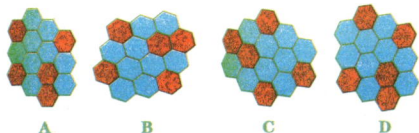

2	9	6	24
6	7	5	47
5	6	3	33
3	7	5	？

99. 找不同

A　B　C　D

你能从上面的 4 个图中找出哪一个与其他三个是不同的吗？仔细观察找一找。

100. 谁是另类

H K N E Z

右面哪个字母是另类的呢？

101. 七个兄弟姐妹

在一个传统的大家庭里，有这样 7 个兄弟姐妹：A 有 3 个妹妹；B 有 1 个哥哥；C 是女孩，她有 2 个妹妹；

D 有 2 个弟弟；E 有 2 个姐姐；F 是女孩，她和 G 都没有妹妹。那么在这兄弟姐妹 7 人中谁是男孩，谁是女孩呢？

102. 重新排列

这是一组被打乱的数字，请你找找这其中的规律，把它们重新排列起来吧。

$$3 \quad 5 \quad 13 \quad 21 \quad 1 \quad 1 \quad 2 \quad 8$$

103. 选图填空

请从 A、B、C、D 四个图中选择合适的填在"？"处，使图形 1、2、3、4 形成一定的规律。

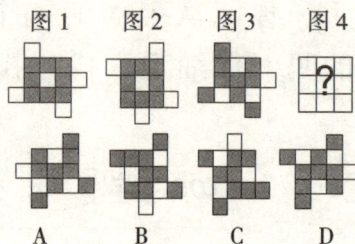

104. 可恨的老鼠

小红上个月 30 号过生日，可是小红妈妈买来的蛋糕却不合小红的胃口，于是小红随手把蛋糕扔在了桌子上。晚上，老鼠趁机

啃起桌上的蛋糕，顺便把桌上的台历也啃得乱七八糟。你能根据图中剩下的台历推测出这月的 1 号是星期几吗？

105.方方框框

A　B　C　D　E

上面是五个由大正方形套小正方形得出的方方框框，你能找出这五个图形中最不同于其他四个的图形吗？

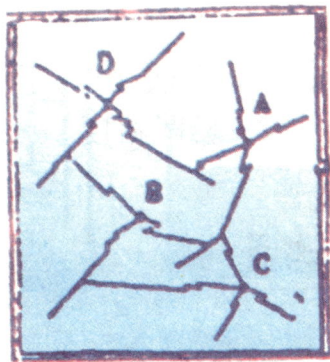

106.弹孔破案

警察们来到了地区首富的别墅。几分钟前，首富在自家窗前被枪杀。杀手很不专业，开了四枪才打到富翁。警察根据窗户上的弹孔（如图）推测出了最后一枪的弹孔的位置。你能猜出 A、B、C、D 哪个是吗？

107.神奇的阶梯

有一幅在世界上都享有名气的逻辑图，图上的阶梯不论正看还是反看都是符合逻辑的。现在请你将写有 10 以

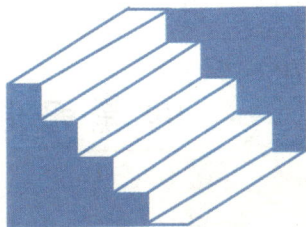

真棒　良好　加油

内数字的黑白卡片放在阶梯上，每个阶梯各放一黑一白两张，最后使每个阶梯黑白卡片数字之和为 9，10，11，12，13。

108. 红黄蓝绿

图中是被排成好看图形的 19 个圆。你能按规定把它们涂上红、黄、蓝、绿四种颜色吗？要求是每种颜色都要涂至少三个圆，绿圆必须都和 3 个红圆相接，蓝圆必须都和 2 个黄圆相接，黄圆都有一处以上分别和红、绿、蓝圆相接。

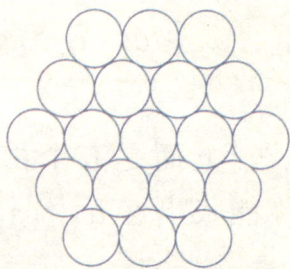

109. 倍增鸡蛋

鸡蛋经过加工清洗后由专业工人放置到蛋箱中。如果工人每分钟放入箱子中的鸡蛋数量增加一倍，一小时后箱子就被装满了，你能推算出箱子里只有一半鸡蛋的准确时刻吗？

110. 黑暗中的信封

欣欣有 4 个来自全国各地的笔友。她们每周都要互相

加油　良好　真棒

通信，增进彼此的友谊，风雨无阻。这天，欣欣刚刚写完信正要装信，突然停电了。于是欣欣就在黑暗中摸索着装信。妈妈说："欣欣，停电了就别装了，容易装错的。"欣欣说："可是明天就要寄出去啊，今天一定要装上，最多也就装错一封而已。"你觉得欣欣说的对吗？

111.不准的闹钟

有一只闹钟每到 12 点就会响起闹铃，因为年代久远，所以不是很准，每小时都要慢 4 分钟。如果在 3 点之前和准确的表对过时刻，那么当 12 点的时候，老闹钟还要多长时间才会响起闹铃？

112.可爱猫咪

有 8 只非常顽皮的猫咪不小心弄丢了自己的身体。现在它们的身体被找到了，可是它们却分不清哪个身体是属于自己的，请你争取在一分钟之内帮他们挑出它们的身体吧。

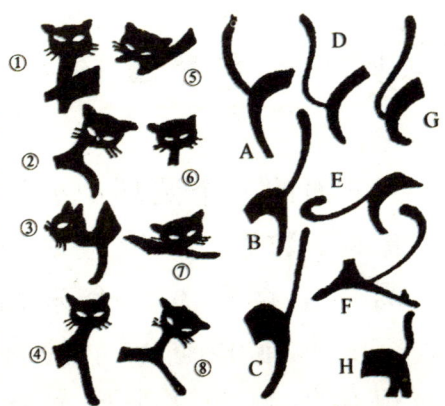

真棒　良好　加油

113.印错的扑克牌

一个印制扑克的印刷厂不小心印出了一批出错的扑克牌。图中（如图）有 6 张黑桃 9 的扑克样本，其中只有一张是印对的，你能分辨出是哪一张吗？

114.姐姐和妹妹

世界之大无奇不有。美国有一对姐妹的出生日期竟然是相互颠倒的。姐姐的生日是在 2001 年，而妹妹却出生在 2000 年。这到底是怎么一回事呢？

115.智慧五环

下面的五个圆环中分别装有 4 个数字，只有最后一个圆环中存在着一个未知数字，你能根据数字的排列规律推测出这个问号应

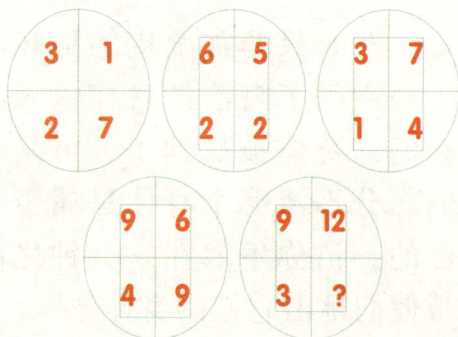

加油　良好　真棒

该是什么数字吗？

116. 四个"T"

3	6	2		4	5	1		6	4	5		3	7	8
	18				20				24				21	
	12				5				20				?	

图中有四个分别由 5 个数字组成的 T。最后一个 T 中的问号是什么一直无人得知。你能运用你的聪明才智算算这个问号代表的是哪个数字吗？

117. 汉字巧推理

杜	鹃	徊	排	?

A	B	C	D
龙	飞	四	野

仔细观察下面的汉字，看看它们有什么规律，然后从 ABCD 四个选项中选择一个符合规律的补充上去。

118. 棋盘上的智力题

在下面的国际象棋棋盘中，皇后棋的威力很强大，因为她可以沿着横、竖、斜走动任意格数，而国王棋也可以横着、竖着、斜着走，但是每

次都只能走一格。双方每次必须走，不可以弃权。在上页的 3×4 的棋盘上，白棋皇后在 c2，黑棋国王在 a3。现在皇后要怎样走，才能迫使国王走入右上角的 d3 格中呢？

119. 潮流

有一段时间，在女人当中流行一种高跟皮鞋，但是在男人的眼中，他们并不认为这种鞋好看，于是，这种鞋逐渐淡出了人们的视线。曾经在男人中流行一种气派、庄重的双排扣西装，但是这种西装有一种拒女人于千里之外的感觉。于是这种西装逐渐退出了潮流的舞台。根据上面的叙述，下面的哪个结论最正确呢？

① 男人和女人的哪种服饰流行，很大程度上取决于异性的认同。

② 穿高跟皮鞋没有女人味，穿双排扣的西装男人味太浓。

③ 市场上已经没有高跟鞋和双排扣西装在销售了。

④ 女人都爱赶潮流。

120. 麦蒂被捕

麦蒂曾经在超市工作，对超市的电脑系统如何运作了解得很清楚，同时，他对电脑也

是比较熟悉的。现在他失业在家，由于生活所迫，他决定想一个好的计划，让自己在超市能够花最少的钱，买到最多的东西，可是当他推着满满一车商品，在收银台前准备付账走人的时候就被超市的保安抓住了。通过以下陈述，你知道麦蒂是如何做到的吗？

① 在出纳机上显示他应该支付 120.25 美元。

② 他设计的方案很好，做手脚都是背着安全摄像头，所以是抓不到把柄的。

③ 他买的东西没有水果和蔬菜，只是些罐装、瓶装或者盒装的商品。

④ 他身上和推车中没有藏匿东西，并且他把每样商品都交给了收银台扫描。

121. 家居用品

在一栋居民楼中，有五个家庭主妇决定一起去商场采购家居用品，然后放在各自家中不同的房间中。现在给你提供一些信息，你来推断一下，这几位家庭主妇都分别买了哪样用品，并且放在了自己家中的什么地方呢？

① 艾米丽把她买的用品放在了厨房里。

② 辛普森太太没有把她买的用品放在卧室里。

③ 米歇尔买了一个书柜，丁格太太买了一台计算机。

④ 艾米买了一台电视机，格里格斯太太买了一套家庭影院。

⑤ 克拉拉没有买无绳电话。

⑥ 凯瑞没有把她买的用品放在卧室里。

⑦ 格林太太没有把她买的用品放在厨房里。

⑧ 凯瑞把她买的东西放在了温室中。

⑨ 米歇尔没有把书柜放在客厅里。

⑩ 普瑞格太太把她买的用品放在了厨房里。

122. 串讲故事

在一次比赛中，主持人出了这样一个问题，就是让参赛的四位选手串讲一个故事，看谁讲的部分最精彩，每个人每次只能说一句。故事的开始是这样的：今晚的月光很好。

接下来选手甲接着说道："比赛结束后，我独自一人走在回家的路上，忽然听到后面传来了一声枪响……"

乙接着讲下去"我慌忙回头张望，这时我看到了一个警察在追逐一个持枪的匪徒……"

丙接着说"经过激烈的搏斗，警察终于成功地制服了匪徒……"

故事到这里似乎已经结束了，没想到丁接着给这个故事加了一个完美的结局，你知道她加的是怎样的结局吗？

123.将会发生什么

寺院里买来了一口钟，长老想把这口钟挂在钟楼的中央，于是就叫来了小和尚帮忙。小和尚的体重和这口钟的重量是相等的，当小和尚开始拉绳子，想要将钟升上去。接下来会发生什么事情呢？下面是给你提供的思考方向。

① 如果小和尚保持原地不动，那么钟会动吗？
② 如果钟原地不动，那么小和尚会动吗？
③ 小和尚和钟会不会一起上升呢？

124.定义判断

假设我们给出的定义是不容置疑的，请根据我们给出的定义判断下面的哪一个是最符合定义的。"根据语言学习的顺序，把最先学习并使用的语言叫作第一语言，在第一语言之中学习和使用的语言叫做第二语言。"请问，下面哪些是属于第二语言？

A. 中国学生学习了英语之后又开始学习法语。
B. 出生在中国的日本孩子同时学习汉语和日语。
C. 外国留学生来华学习汉语。

D.中国学生出国后同时学习英语和法语。

125.作画的日期

在厄瓜多尔的首都基多有一座赤道纪念碑，每年都吸引着许多来自世界各国的游客。这座纪念碑位于基多城北二十八公里，有两丈多高，在纪念碑的顶端有一个石雕的地球仪，上面有一条从东西两方一直连到地下的赤道线，据说那就是赤道的准确位置。

有一位作家在春季的某一天来到了这里。但是骄阳似火，太阳悬在空中，刺眼的阳光可以直射到深井的井底，井边没有一点影子。画家将看到的景象迅速画了下来，很久以后，他再拿起这幅画看时发现了他并没有记下当时作画的日期。

你能根据我们上面的描述推断出画家是在哪一天的几点钟画的这幅画吗？

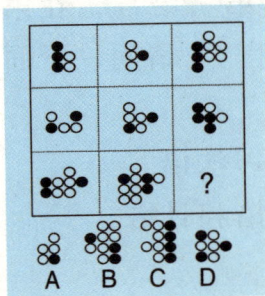

126.图形找规律（1）

根据左侧已知的图形，看看选项中哪一个能符合图形的规律。

127. 图形找规律（2）

请从下面所给的选项中选出一个图形填到"?"处，使图形呈一定的规律。

128. 图形找规律（3）

先看看所给的图形有什么规律，然后从选项中选择合适的图形填到"?"中。

129. 图形找规律（4）

先找出图形的规律，然后从选项中选出最合适的填到"?"处。

130. 逻辑思维能力

下面是英国剑桥大学数学讲师卡洛尔给学生出的一道测试逻辑思维能力的题。根据下面的九个条件你来推断一下，朱莉是否能看到皮特写的信。

① 教室里有日期的信都是用蓝色信纸写的。

② 皮特写的信都是以"亲爱的"开头。

③ 除了乔治以外没有人用黑墨水写信。

④ 朱莉没有收藏她可以看到的信。

⑤ 只有一页信纸的信中，都标注了日期。

⑥ 未做标记的信都是用黑墨水写的。

⑦ 用蓝色信纸写的信都收藏起来了。

⑧ 乔治没有写一封以"亲爱的"开头的信。

⑨ 一页以上的信纸的信中，没有一封是做标记的。

131.比较高低

在一个 10×10 的方阵中，这里的 100 个人的身高都不相同。先从每一行的 10 个人中挑出最高的人，10 行一共能挑出 10 个"高个子"。在这 10 个"高个子"中选出一个最矮的，把这个"高个中的矮子"称为甲。然后让他们复归原位。再从每一列的 10 个人中选出最矮的，10 列中就有 10 个"矮子"，在这 10 个"矮子"中选出一个最高的，我们把这个"矮子中的高个"称为乙。现在你能不能比较一下，究竟是甲高还是乙高？

132.确定

甲、乙、丙、丁、戊分别是 A、B、C、D、E 五个公司的职员。这五个

公司在业务上是有往来的，有一天上午他们分别在 10 点 20 分、10 点 35 分、10 点 50 分、11 点 05 分、11 点 20 分，在自己的公司里，给其他四个公司中的上述职员打电话，他们所拨的电话号码分别是 3581,6236,8769,7904,3581。现在给你几个条件你来确定这三个问题：每家公司的电话号码各是多少？这五个人各是哪家公司的职员？哪个人在哪个时间给哪家公司打了电话，他们所拨的电话号码各是多少？

① A 公司的电话号码是 7904，丙没有打这个电话号码，C 公司在半个小时前打了这个电话号码。

② 10 点 50 分，一位小姐给 B 公司打了电话，这位小姐的电话号码不是 2450。

③ D 公司在 11 点以前打通了乙的电话，这个电话号码的首位数字是偶数。

④ 10 点 20 分所打的电话号码各数之和同甲所打的那个号码的各数之和相等。

⑤ 丁打通的电话号码是 8769，但是这个号码不是 E 公司的电话号码。

133. 数字卡片

现在有 40 张卡片，标着 a、b、c、d 四种字母的卡片各有 10 张。将这 40 张卡片的顺序打乱，从中抽出任意一张，你能够只看一遍或者两遍就能猜出被抽出去的那张是什么字母的卡片吗？

134.奇怪的钟表

　　小王家的表针有一天被折断了，于是小王把表拿到了钟表师傅那里去修理，钟表师傅将小王的钟表换了一下表针，然后对了一下时间，是六点整，于是钟表师傅将长针拨到了 12，短针拨到了 6。可是回家后小王却发现他家的钟表出现了问题，平时钟表都不准，但是到晚上 8 点 10 分多一点的时候时钟和手表上的时间是一样的，到了第二天早上七点多的时候时间又和手表上的时间一样了。小王就很纳闷了，就是调换了一下表针，钟表怎么变得这么奇怪呢？于是小王就抱着自己的时钟来到了钟表师傅的家中，钟表师傅让小王坐下来喝一杯茶，仔细观察了一下，

终于，钟表师傅发现了问题出在了哪里。

135. 幽灵之谜

　　刚刚遭遇了沉船事故的水手克莱还惊魂未定，他不停地讲述着自己在沉船的时候遭遇了幽灵："太可怕了，实在是太可怕了，我们的客轮在返航的时候撞上了暗礁，当我带着一批旅客撤离到安全的救生艇上时，我马上回去要再救一些人，当我再次返回甲板的时候，就听到了龙骨断裂的声响，海水无情地朝船漫过来，我只好跳进了大海，拼命向前游去，我清醒地知道，如果不及时逃离这里，就会被轮船下沉时带起的漩涡卷到海底。这时候我听到了可怕的幽灵的吼声。当时我在水中仰泳，这时我听到了轰鸣中混合着炸雷声，我忙抬头，只见我们的客轮从中间断开，火花四溅，那是我从没听过的惊天动地的爆炸声。我当时被震晕了过去，幸好被前来的救生艇救走，可是当我醒来后，记得我在海底听到的是两声巨响，可是别人却只听到了一声，我确定那是幽灵的声音，他们想要将我拉到那黑暗的海底，永远见不到太阳。"只见这时，莱克的目光游移不定，他真的是被那场可怕的沉船事故吓坏了。

如果你现在在莱克的身边听他讲述，你该怎样为他解释，安抚他受惊吓的心灵呢？

136. 猖狂的走私犯

代号为"老姜"的是最近海关严密监控的走私犯，因为从来没有人赃并获，所以警方一直无法将其抓捕。据海关方面提供的线索："老姜"每两个月都会定期开着高级跑车大摇大摆地从海关经过，海关人员仔细彻查他的车，结果只是发现了他车中的三只行李箱中有三个瓶子，一个装着岩层标本，一个中装着少量的贝壳，另一个装的是彩色的玻璃屑。一直没有被看出什么破绽，于是就打电话将大侦探小柯叫来。小柯看了看车中的三样东西，又看了看得意洋洋的"老姜"突然大笑，然后将"老姜"抓了起来。

你知道侦探抓到了什么证据吗？

137. 凶手是何人

刑侦科又接到了报案，小周和阿平来到了现场。一个寡妇死在了梳妆台前，头部被击中。

这时阿平发现了死者的手里抓着一串珍珠项链。可是死者的脖子上戴着项链，她拿着项链是在暗示什么吗？

小周说："可能凶手是个女人，这个项链是被害人从凶手的脖子上拽下来的，凶手着急逃跑，所以没来得及将项链从死者的手中拿回自己的项链。"

阿平说："你看项链很完整，并不像是在搏斗中被揪下来的啊，也许这是死者在死前想要给我们什么关于凶手的暗示吧？"

小周说："刚才邻居说这个女人是个虔诚的佛教信徒，接触的人除了和尚就是算命的。"

阿平恍然大悟道："我知道凶手是什么人了。"

你知道阿平说的凶手是什么人吗？

138.约翰寄来的信

约翰紧张的工作告一段落，然后他神秘地消失了。过了几天玛丽收到了约翰从国外寄来的信。信中说道："我刚刚从一个神奇的地方游玩归来，就迫不及待地想把我今天奇妙的体验跟你分享。这是我到以色列的第3天，今天我去了以色列和约旦接壤的国界附近，那里有一个平静的湖，你平时不是总嘲笑我是个旱鸭子吗，但是这一次我的表现真是棒极了，我有时躺在湖面上仰泳，伸展四肢，浮在水面上，望着湛蓝的天空和悠悠的白云，感觉惬意极了，好像到了天堂；我还可以不用借助任何潜水工具潜到海平面以下 390 米，虽然很奇妙，可是我从水中出来，浑身的皮肤都感觉很粗糙。我前面说的都是真的，你能不能猜到这个神奇的地方究竟是哪里呢？如果你猜对了，那么下一次我就带你也来体验一下。"

你能猜到约翰说的地方究竟是哪里吗？

139.风中的浓烟

一辆电动机车以每小时 100 公里的速度在轨道上向前行驶。这时有风以每小时 30 公里的速度迎面刮来，你知道车头冒出的浓烟，在风中将以什么速度向什么方向飘去呢？

140.航海

杰克和瑞希一起去海上航行，杰克对瑞希说：

"我知道咱们的游艇即使是顶着风也能前进，所以我连桨都没有带上游艇，可是现在咱们陷入了完全无风的地带，这时我们是不是就停在了这里呀？""应该不会的"瑞希说道："一会儿来海潮就能够借着潮流的力量离开这里了。"过了一会儿，果然来了海潮，这时杰克说："我看在完全无风状态下的速度可能比潮水还快。"

游艇能比潮水更快吗？

141.清扫工作

上级领导要来视察，办公楼周围的深沟需要清理一下，于是单位安排了一些清扫工人来完成这项工作，他们画了一张示意图，四个人分配工作：首先1号工人沿沟向左清扫，到下个拐角处把工具交给2号，1号停在那里，由2号继续，如此下去。工作负责人认为这样安排就可以使办公楼周围的深沟时刻都有人在清扫，不会留下垃圾和落叶。这样安排真的是合理的吗？

142.满意的答案

有一天明明的爸爸问明明一个问题：如果在学校的水房中有人忘记关水龙头，使得水房中积了很多的水。这时你能利用的工具有一个拖把，一只水桶，一条毛巾，一把扫帚和一根引水用的水管。这时候你首先该做什么呢？"

聪明的明明给了爸爸一个满意的答案，你知道是什么吗？

143.图框推理

下面图框中的数字都是有规律的，你能推断出其中的规律并找出"？"应该是什么数字吗？

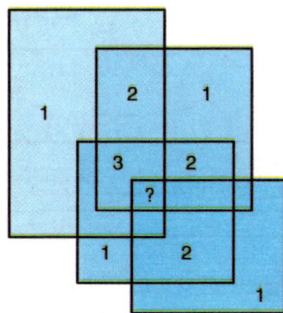

144. 小人表情

在右面的几个小人表情中，哪一个是和其他不同的呢？

145. 更正错误

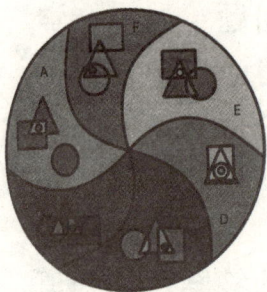

左面的蛋糕模型是按照一定的规律进行装饰的，但是蛋糕师傅有些粗心，其中出现了一处错误，你能找出来吗？

146. 建桥游戏

建造桥梁游戏是风靡日本的游戏之一。下面我们就来研究一下这个游戏吧。

右面每一个含有数字的圆圈都代表着一个小岛，你需要用横向或是纵向的直线即桥梁将每一个小岛连接，形成一条连接所有小岛的通道。但是要求是连接每座小岛的桥梁的数量必须要和圆圈内的数字相

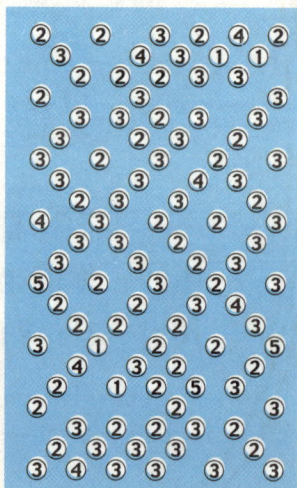

等。桥梁不能横穿小岛或者和其他桥梁相交，在两座小岛之间可以有两座桥梁连接。找一些朋友来一起玩这个游戏吧。

147. 拆弹专家

右边是一个爆炸装置，被安装在了一个商场中，警察发现了这个装置，现在要将它解除。要想安全解除这个装置，需要按照正确的顺序按键。键上有 U 的代表向上，D 代表向下，L 代表向左，R 代表向右，字母前面的数字代表的是该走几步。直到按下"按键"这个键。要注意每个键只能按一次。

想想看要先按哪一个键才能安全解除这个爆炸装置呢？

1D	3R	2R	3L	1L
2R	1D	1U	2D	3D
2D	1L	按键	1L	2U
2R	3U	2L	1R	1L
3R	1U	2R	2U	3U

148. 阴影几何？

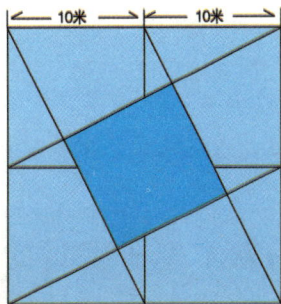

左面是一块土地的平面示意图，这块土地基本上呈边长是 20 米的正方形。在每一条边的中点都做上标记，将这块土地分成大小、形状都各不相同的 9 块土地。现在需要你只利用简单的逻辑原

10米　10米

理和一点几何知识来计算一下中间阴影部分的面积。

149.黑夜过桥

有 4 个徒步旅行的驴友必须在黑夜穿过一座桥，但是据说这座桥在 17 分钟后就会坍塌。在他们的手中只有一把手电筒，而这座摇摇欲坠的桥一次最多只能承载两个人过桥，但是必须要有手电方能看清道路，顺利过桥。

他们四个人的速度都是不同的，甲过桥只需 1 分钟，乙需要 2 分钟，丙需要 5 分钟，丁需要 10 分钟。他们过桥必须要以速度最慢的那位来计算时间，比如甲和丁一起过桥，那么时间就应该算成 10 分钟。

你能想到几种解决的方案，让他们能在桥塌之前都安全过桥呢？

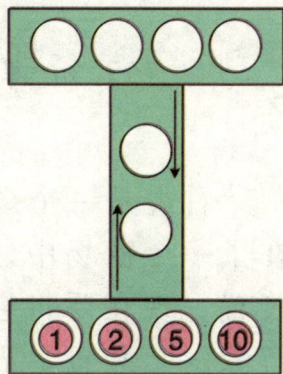

150.如何取药

曼德拉生病了，医生给他开了一瓶用软木塞子密封的药片，瓶塞拔不出来，你能不能在不穿孔的情况下，从完

好的瓶子中取出药片吗？

151. 数字的关系

仔细观察右边图形和相应数字的关系，然后想想看"？"应该是什么数字。

4516	7924	?
6824	4535	7916
7935	6816	4524

152. 生物推理

根据下面的描述，你来将每种生物所在的国家、性格特征和每个国家的财宝推理出来。

A. 爱尔兰没有钻石。

B. 侏儒来自挪威，小鬼有银子。

C. 小妖精们不丑，威尔士没有淘气的动物。

D. 妖精很淘气，红宝石来自苏格兰。

E. 苏格兰有巨人，小妖精有黄金。

F. 小妖精有排外性，小鬼们来自英格兰。

G. 矮人心肠很坏，苏格兰有讨厌的动物。

真棒　良好　加油

153. 寻找相同的图形

右边是 64 张图片，看看你能找出几组一模一样的图形？

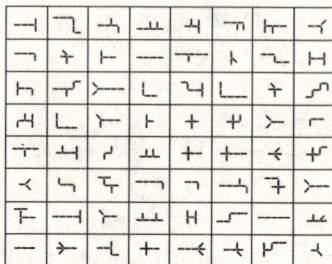

154. 格子迷宫

请你根据下面的提示将这个格子迷宫填全。

纵向：

一、"WTO"的中文名称。二、严格执行法律，一点儿都不动摇。（一个成语）三、在其中引发并控制裂变材料链式反应的装置。四、狂热爱好观看球赛的人。五、古代对男子的尊称。六、一篇以婚外恋为题材的长篇小说，作者是皮皮。七、一个生物群落及其系统中，各种对立因素相互制约而使系统达到相对稳定。八、我国哲学和社会科学研究的最高学术机构和综合研究中心。九、联合国的永久性保护和平的机构。十、雅典奥运会的女子万米长跑冠军。十一、投资者协助具有专门科技知识而缺乏资金的人创业，并承担失败风险的资金。

横向：

1.国际足球联赛的一个奖项，在 2004 年由小罗纳尔多夺得。2.我国一个大型电信运营商。3.清末农民起义军建立的政权。4.比喻事情极容易做。（一个成语）5.《碧血剑》中的一个人物。6.形容非常多。（一个成语）7.教学上对数学、物理、化学、生物等学科的总称。8.法国作家福楼拜的一部代表作。9.由政府执行或托管的保险计划，用来向失业者、残疾人或老人提供经济上的援助。10.我国的一个著名的软件公司。11.由社会承办的赡养老人的机构。12.对他人女儿的尊称。

155.称铅球（1）

全老师的数学课上总会有很多的道具，这一天，老师拿来了 9 个一模一样的道具铅球。这 9 个铅球当中只有 1 个是比其他 8 个稍微轻一点儿的。老师要求同学们可以借助一种称重量的仪器，将重量稍轻的铅球找出来，最多只能称两次。你知道该怎么做吗？

156.称铅球（2）

上面的那道题同学们轻松地解答了出来，现在老师将铅球增加到了 13 个，其中有一个的重量和其他的不同，老师要

求把它找出来，最多只能称三次。你知道这回该怎么做吗？

157. 棋盘中的成语

下面的棋局中藏着两个成语，你能猜一猜是什么吗？

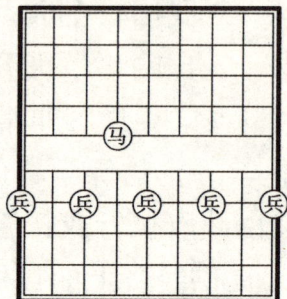

158. 重排顺序

下面是唐代诗人赵嘏的一首诗，名叫《登楼》
独上江楼思渺然，月光如水水如天。
同来玩月人何处？风景依稀似去年。
有人认为这首诗并没有太深的意境，于是就将这首诗做了一下调整，只是将诗句的顺序调整了一下，就将整首诗怀念友人的苍凉心境渲染得韵味无穷。你知道他是怎么调整的吗？

159. 诗谜猜动物

下面的诗谜的谜底都是大家熟悉的动物，发挥你的聪

加油　良好　真棒

明才智一起来猜猜吧。

① 静养千年寿，重泉自隐居。
② 人间树好纷纷占，天上桥成草草回。
③ 见人屡掉胭脂尾，戏水常翻锦绣胸。
④ 金眸玉爪口悬星，群兽闻之尽骇惊。
⑤ 丛栖悬玉宇，叠构隐金房。
⑥ 向晚一身当道食，山中麋鹿尽无声。
⑦ 暂分烟岛犹回首，只渡塞塘亦并飞。
⑧ 临风舒四翼，映水做双身。
⑨ 远寻红树宿，深向白云啼。
⑩ 锦毛濯春雨，彩翮唏朝阳。

160. 按图吟诗

右边这个图中藏着一首绝句，名为《青山诗》，你能按图将这首诗吟诵出来吗？

青 问 颜 改
何 山 我 不 青
老 日 青 色
青 山 山
山 启 对 青
问 窗 日 日
我 几 时 闲

161. 一道题选徒弟

有一位著名的建筑师，当他年老的时候想要收一个有潜质的徒弟来继承自己毕生的学问和经验。有很多年轻的建筑师都慕名而来。老建筑师给这些前来的年轻人出了一道题：怎样建造一座房子，使这座房子四面的窗户都朝北？最后只有一个年轻的没有什么建筑经验的年轻人答出了这道题，最后这个年轻人成为了一个伟大的建筑师。

162. 戴隐形眼镜购物

小马是高度近视，戴着厚厚的眼镜片，摘掉眼镜他几乎看不清任何东西。平时小马总是带着有框的眼镜，可是只有在买一种东西的时候，小马觉得戴隐形眼镜最为合适，你知道是买什么吗？

163. 滚球游戏

据说现代的保龄球是从古代丹麦的一种滚球游戏演变而来的。在这个游戏中，有 13 根排成一行的木柱，参加游戏的人要做的就是用一只球击倒这其中的一根或相邻的两根木柱，参加游戏的人要轮流用球击打木柱，最后的赢家是那个击倒最后一根木柱的人。

保尔和朋友杰瑞玩这个游戏，保尔刚刚击倒了 2 号木柱。保尔和杰瑞都是这个游戏的老手，他们都能够随便击倒其中一根或相邻的两根木柱。如果保尔想要赢得这一局，他应该怎样做呢？

164. 给车加油

美嘉和弟弟都有了新车，有一天他们决定一起去郊游，可是在回来的路上，他们发现自己的汽车都只剩下够走 3 公里路程的油了，但是最近的加油站距离他们也有 4 公里的路程。这条路比较偏，所以没有路过的汽车能够帮助他们，他们也没有任何工具可以把油从一辆车加到另一辆车。你能帮他们出出主意吗？

165. 李白买酒

数学在生活中是无处不在的，下面的这首打油诗和酒有关，你能不能根据诗中提供的信息回答：这个人的酒壶中原来有多少酒？

无事街上走，提壶去买酒，遇店加一倍，见花喝一斗。三遇店和花，喝光壶中酒。

166. 师长的测试题

在学习课堂上，师长给新兵们出了一道测试题。他拿出了一张图，图中是一支军队

的驻军位置，其中的黑点代表的是哨兵，中心的黑方块代表的是师长的营帐。查哨的指挥官要沿着怎样的路线才能将所有的岗哨一个不落地检查一遍，最后又能够回到出发的地点呢？（图中白色的是路，指挥官是从师长的营帐中出发的）

167. 卡片中藏玄机

明明给小红出了一道题，他为小红准备了 9 张卡片，要她将卡片分成两组，并且其中的一组数字之和要是另一组数字之和的两倍。小红轻松地给出了答案，就是将 1，2，5，7 分为一组，其和为 15，将 3，4，6，8，9 分为一组，其和是 30。现在要将卡片分成两组，使一组的数字之和是另一组数字之和的三倍，小红再也找不到其他的组合方法了，你能帮帮她吗？（要注意，数字可都是标在卡片上的。）

168. 圆圈趣题

小小的平面几何，蕴含着无穷的趣味，只要你仔细思考，认真玩味，一定能体会到其中的乐趣。下面是在一个平面上的六个小圆圈，现在要用直线将小圆圈连起来，要求每条直线上都有三个小圆圈，按照现在的情况，只能连出两条直线。你能不能想一个办法将一个小球转移到另一个地方，以便

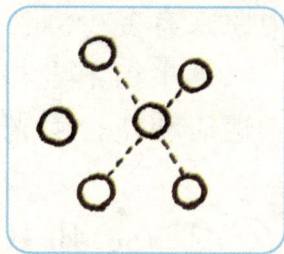

能够连出四条直线，并且每条直线上都有三个小圆圈呢？

169. 有趣的实验

大家都知道，由于地球的重力，从水龙头中流出的水流都是直的，但是我们可以用一些方法使水流变弯。阿阳和阿丫分别做了如下的实验，你来判断一下，她们俩的实验谁能够成功地将自来水水流变弯呢？

阿阳：在冬天晴朗的一天，阿阳用毛料布摩擦一块塑料板，这样塑料板上就带了电，然后将水龙头打开，让塑料板稍微碰上水流，等待着水流变弯。

阿丫：在冬天晴朗的一天，阿丫用毛料布摩擦一块塑料板，这样塑料板上就带了电，然后将水龙头打开，让塑料板靠近水流，等待着水流变弯。

170. 迷失方向的老鼠

法布尔是法国著名的生物学家，他曾经对南美洲一种奇怪的老鼠做过一个实验。这种奇怪的老鼠在外出觅食的时候总是会排成一个长长的队伍，最前方的一只老鼠是负责掌握前行方向的，它后面的老鼠就会一只咬着一只的尾巴，跟在后面，如果遭到特殊的情况，队伍断开了，其中的老鼠就会随

便再咬住一只老鼠的尾巴跟在后面逃走。法布尔做的实验是这样的：他诱使其中领头的老鼠沿着一根围成圆形的电线爬，然后其他的老鼠就会跟着它，这样老鼠的队伍就会成为一个圆，其中的每一只老鼠就都是这个队伍的头，也是这个队伍的尾，只要没有惊扰，他们会一直这样转下去。

老鼠在电线上转了一段时间以后，法布尔将电线抖动了一下，这个周而复始的队伍一下子从电线上掉了下来，掉下来的老鼠都迷失了方向，它们四处张望不知道往哪里跑。

你知道为什么老鼠会一直沿着电线转吗？从电线上掉下来的老鼠为什么会迷失方向，不知道下一步该往哪里跑呢？

171. 安全着陆

有一段时间恐怖分子很猖獗，一架客机从机场起飞还不到 20 分钟，机组就接到了一个匿名电话，声称飞机内有定时炸弹，在飞机起飞 10 分钟后，炸弹匣内的定时装置就会启动，当飞机要安全着陆，降到海拔 2000 米以下时，炸弹受到气压变化的影响就会爆炸，机组人员听到了这个消息后非常惊慌。因为当时飞机离地面 1 万米，假如降落到海拔 2000 米低空，就很可能会机毁人亡，所以飞机的飞行高度，一定不能低于 2000 米。可是当燃料用尽以后，炸弹还是没有找到，这时该怎么办呢？聪明而经验丰富的机长想到了一个绝妙的方法，最后飞机安全着陆。经过专家检查，原来炸弹被安装在设有气密装置的尾翼中，这样就彻底消除了险情。

你知道机长想到的是什么绝妙的方法吗？

172. 水桶中的鸭子

一个商贩从外地带回了几只稀有品种的鸭子，准备出售大赚一笔。他将鸭子关起来了几天后，发现鸭子身上的羽毛变得黑糊糊的，而且有的还粘在了一起，很难看，于是他决定给鸭子洗个澡。他想鸭子会游泳，就给这些鸭子准备了一个很深的水桶盛满水，然后将几只鸭子放在水桶中就出去办事情了，可是当他回来的时候竟然发现那几只鸭子全都沉到水中淹死了。商贩怎么也想不明白，这个桶足够大，水也没有毒，会游泳的鸭子怎么就会被淹死了呢？聪明的你能不能帮商贩解开这个困惑他的谜呢？

173. 乱敌军阵脚

在与金军作战的过程中，为了避免双方正面冲突，伤亡过重，所以宋将毕再遇先采取的是流动游击的战术，将敌人一直牵制到夜晚，并且在这期间并没有给对方人马喘息的机会，夜晚，毕再遇让人把预先用香料煮好的黑豆撒在阵地上，然后派人前往金人的军营挑战，把敌人骗到他们撒豆的地方。

最后宋军取得了胜利，因为那些白天英勇善战的金兵，进入了撒豆的地方就乱了阵脚，你能解释这其中的缘由吗？

174. 巧分粗盐和胡椒粉

晓霞今年 9 岁了，她想帮助妈妈干一些力所能及的事情，有一天，晓霞看到厨房中的瓶瓶罐罐摆放得很乱，于是就想帮助妈妈整理一下，可是不小心将装粗盐的瓶子和装胡椒粉的瓶子弄翻，两样东西混在了一起，这下可怎么办啊，但是玲玲并没有惊慌，她仔细地想了想，终于想到了一个好办法，将它们成功地分离了出来。你知道晓霞想到的是什么办法吗？

175. 究竟是什么颜色的熊

① 有一只熊，它从家门出发向南走一里，再向东走一里，然后向北走一里就会回到家门口，你知道这只熊是什么颜色吗？

② 有一只熊从一口 20 米深井口跌到了井底，一共花了 2 秒钟，你猜猜这只熊是什么颜色呢？

③ 有一只熊从一口 20 米深井口跌到了井底，一共花

了2分钟，你知道它又是什么颜色的吗？

176.暗淡的琥珀

从前上流社会的贵妇人都喜欢穿丝绸衣服，喜欢美丽的琥珀,但是后来他们发现穿丝绸衣服的同时不能佩戴琥珀首饰，因为这样琥珀的表面就会像蒙上了一层灰尘一样显得暗淡无光，根本就没有原来的美丽了。你知道这是为什么吗？

177.舍己救人

加达是个朴实善良的老农民，他住在印度的一个山岗上。有一天天刚蒙蒙亮，加达起来准备收割粮食，他向远处眺望，突然发现远方的海上起了风暴，几公里以外那滔天的白浪正向山下的村子方向扑来。根据他的经验，海浪会在十几分钟内将村子吞没。

该怎样通知山下的村民呢？山上山下的距离这么远，他早已没有年轻时的体力了。但是就在这千钧一发的时刻，他想到了一个能挽救全村人生命的办法。最后全村的人都得救了，而加达却牺牲了。你知道舍己救人的加达想到的是什么办法吗？

178. 掉进杯子里的壶塞

有一天芳芳不小心将壶塞掉进了杯子里，这时杯子里有一半的水，壶塞就停在贴近杯壁的地方，旁边的表哥想趁机考考芳芳，于是就对芳芳说："你能不能在不碰杯子和壶盖的情况下让壶塞停在杯子的中央呢？这个问题怎么能难得住聪明的芳芳呢，你知道芳芳用的是什么方法吗？

179. 猜一猜

下面我们会给你几个词，请你根据前三个条件猜一猜它们说的是哪个概念或者名词，根据第四个条件猜一个四字成语。

A.楚汉之争　B.纸上谈兵　C.三十二　D.拿不定主意

180.罗马数字等式

VII — II = II

右面是由罗马数字组成的算式"7-2=2"，这显然是不成立的，好在数字是用火柴摆成的，你可以移动2根火柴，使这个运算成立。

181.巧妙分油

桌子上有两个形状、大小、重量相等的瓶子，其中一个瓶子是空的，另一个瓶子装有大半瓶的油，在不借助任何称量工具的情况下，

你能将油平均分至两瓶中吗？

182. 字谜

语文老师在课堂上写下一个字谜"一点一横长，一撇到南洋，南洋两棵树，长在石头上。"你能猜出这个字谜吗？

183. 杯子排队

有 10 个杯子，左边的 5 个装满了水，右边的 5 个是空着的，要求只移动 2 个杯子中的水，使 10 个杯子有规律地排好队。

1 2 3 4 5 6 7 8 9 10

184. 巧分橘子

爸爸让小虎帮忙把 100 个橘子分别装在 6 个篮子里，而且要求每个篮子里的橘子数目中都含有 6，这可怎么办呢？聪明的你帮小虎想想办法吧！

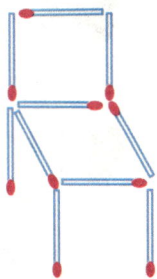

185. 颠倒的椅子

图中的椅子是正着的，要求只移动两根火柴使椅子倒过来，要怎么做呢？

186. 哪里出错了

美国一家大汽车公司致电

欧洲供货商，想订购一批汽车零部件，并指定了交货的日期。但是这家信誉良好的供货商送货的日期总是和指定的日期有一定的偏差，从来没有准时过。于是汽车公司询问欧洲的供货商，供货商说货物是物流公司发的，而物流公司说是严格按照合同上的日期发的，问题到底出在哪里呢？

187. 巧带鸡蛋回家

明明穿着背心、短裤打完篮球后，抱着篮球回家，他突然想起妈妈让他买点儿鸡蛋带回去。可他买完鸡蛋后发现没有袋子装，他是用什么办法把鸡蛋带回去的呢？

甩掉糊涂虫的帽子

答 案

1.两个理发师

答案：因为这个小镇只有两家理发店，所以两个理发师的头发必然是互相为对方理的。这点可以说明，第一家店的理发师剪头的技术更胜一筹。

2.巧断谋杀案

答案：凶手是送奶工。送报纸的人不知道别墅主人已经死了，所以还坚持每天送报，而送奶工因为已经知道别墅主人死了，便不再继续送奶了。

3.巧分水果

答案：从标有混合标签的箱子中拿出一个水果就可以知道另外两箱的正确标签是什么了。如果拿出的是苹果则标有橘子标签的箱子装的便是混合水果，苹果标签的箱子里便是橘子。以此类推。

4.谁当"小偷"

答案：第一个人面前放有三张签，所以他抽中的几率是 1/3。第二个人面前是两张签，如果第一个人抽中则第二人抽中的几率为零，第一个人没抽中则第二个人抽中的几率是 1/2。所以第二人抽中几率是 2/3 × 1/2=1/3。最后一个人抽中的几率是 1−1/3−1/3=1/3。所以三个人抽中的几率其实是一样的。

5.捉青蛙

答案：梅梅捉了 51 只青蛙，丽丽捉了 21 只青蛙。梅梅比丽丽多捉青蛙 15 + 15 = 30 只，如果丽丽把捉的青蛙给梅梅 3 只，则梅梅比丽丽多青蛙 30 + 3 × 2 = 36 只，这时梅梅捉的青蛙是丽丽的 3 倍，所以 1 倍就是（30 + 3 × 2）÷（3−1）= 18 只，丽丽捉青蛙 18 + 3 = 21 只，梅梅捉青蛙 21 + 15 × 2 = 51 只。

6.大解救

答案：爸爸先带一个儿子过河，然后爸爸回来，把第二个儿子接走，再返回把妈妈接走，妈妈返回，把女儿接走，再返回将第二个女儿接走，妈妈第三次返回，在岸上等待，警察把犯人带走一起过，然后爸爸返回接走妈妈。

7.生虫子的杏子

答案：因为杏树长在路边，如果杏子没有生虫子，早就被路过的人吃光了。

8.四只兔子

答案：A2岁，B4岁，C3岁，D1岁。如果C撒谎，C就比A小，那么A就只有1岁。这是不可能的，所以C的话是真的。如果A说的是真话，A比B大，于是A是4岁，也不可能。所以A在撒谎。最后推出以上的结果。

9.愚蠢的船员

答案：因为日本国旗倒正都是一样的，所以三副在撒谎。

10.赛铅球

答案：从题目中给出的条件可以看出，英国选手既不是乙也不是丙，所以一定是甲。然后便可一一对应出甲、乙、丙的对应国家分别是英国、美国和德国。

11.足球里的毒品

答案：肖恩足球上的多国球星签名暴露了他的秘密。多国球星签名应该是用多种国家的语言签成的，而他的足球上的签名都是英文写成的。

12.猜帽子

答案：周围六个小孩都没猜到是因为他们看到的帽子的颜色是相同的。由于对称可知，中间小孩戴的一定是多出的那顶白帽子。

13.帽子舞会

答案：有三个人戴黑帽子。

14.说谎国

答案：这天应该是星期一。根据推理，天南人应该在星期日和星期一才会那样说，而地北人应该在星期一、星期二那样说，所以这天是星期一。

15.黛丝的王子

答案：丙最符合条件。首先根据条件能够推出丁不是高个子，但却是黑皮肤。而甲、乙都不是黑皮肤，所以丙是黑皮肤。最后推出丙最符合黛丝的条件。

16.被猜测的存款

答案：当存款在 100 元以内时仅有一人猜中答案，符合题意。

17.英雄的审判

答案：英雄的问题是："如果我问另一个人哪道是活门，他会怎么回答我？"不论回答是哪道门，只要走相反的那道门就绝对没问题。

18.真假难辨

答案：根据推断，布朗来自 A 国，肖恩来自 B 国，罗斯来自 C 国。

19.调皮的机器人

答案：左边的机器人个性是犹豫不决的，中间的机器人个性是爱说谎的，右边的机器人的个性是诚实可靠的。

20.无辜的小狗

答案：因为如果是咬伤的话，裤子上也会有被咬破的痕迹，看伤口根本不需要卷起裤子。

21.汉斯城里一日游

答案：根据条件，他是在星期三进的城。

22.猪排和火腿

答案：如果安仔要火腿，福仔要猪排的话就不符合题意了，所以安仔要的是猪排。于是特特要的只能是火腿。所以只有福仔昨天要火腿今天要猪排。

23.麻烦的人

答案：照片上的人是她丈夫的继母的外孙媳妇的照片。

24.酒桶里的秘密

答案：40 升桶装的是啤酒。甲买走的是 30 升和 36 升的葡萄酒，而乙买走的是 32 升、38 升和 62 升的葡萄酒，合起来正好是甲的两倍。剩下的 40 升那桶便是啤酒了。

25.硬币游戏

答案：想赢这个游戏必须让对手开始游戏，自己后拿硬币。

26.门铃机关

答案：正确的门铃是从左数第五个。用 F 表示这个按钮，正确的排序便是 DECAFB。

27.许愿花

答案：后摘的人只要能保证花瓣剩下数量相等的两组被已摘除花瓣的空缺隔开就能取得最后的胜利。

28.过河

答案：把狗载到对岸，然后返回将一只羊载到对岸，返回时顺便载着狗，把狗放回原岸后再把另一只羊运到对岸。最后返回去接狗。

29.爪下逃生

答案：正确答案是：云儿是管家的女儿，是红狼要吃的；琳琳是农夫家的女儿，是黑狼要吃的；黛丝是书店家的女儿，是白狼要吃的。

30.神秘的 K

答案：K 是名护士。据题护士至少有 9 名，男医生最多有 6 名。而男护士不可能有 6 名那么多。根据女护士少于男护士推出男护士则必然超过 4 名。经过推理可知 K 是名护士。

31.安静
答案：因为按照卢比所说的，停电时电视应该是开着的，所以来电后，电视也应该和灯一样一起打开，但是周围却一片安静，所以，卢比说谎。

32.水能喝吗
答案：能喝，因为天气本来就好，这个村民是说真话的村民。

33.贝壳把戏
答案：因为除了顾客选中的贝壳，剩下贝壳中至少有一个是空的，而商贩知道他把红豆放在哪个贝壳中，所以总能翻开空贝壳。而商贩这样做其实对于顾客挑到正确贝壳没有增加任何有用的信息。

34."盗"高一尺
答案：是时髦美女。因为当阿三口袋里有几个钱包以后，后下手的人不可能只拿阿三的钱包不拿别人的钱包。而时髦美女在车上时，阿三口袋中只有阿三自己的钱包。

35.尖子生
答案：物理状元是甲，化学状元是乙，外语状元是丙，数学状元是丁。假设甲说的是对的，那么乙、丙的话便是错误的。但是这与前面的假设矛盾，所以甲的话是错的。同理乙的话也是错的。

36.谁说的是真话
答案：穿红色衣服的狗是小丽家的宝宝；穿黄色衣服的狗是小林家的小黑；穿蓝衣服的狗是小林家的灰乐；穿白衣服的狗是小丽家的欢欢。

37.谁是作案者
答案：是看车的司机做的案，他趁另一个司机和保管员进库取东西时，换了一个和门上的锁一样的锁，晚上作案后又将锁换回来了。

38.消失的子弹

答案：子弹是用与死者相同血型的鲜血冷冻而成的。当子弹射入人的身体后，过不久便会自动融化在死者的血液中，警察当然找不到什么东西。

39.智者巧提问

答案：他问这个国家的一个居民："你是这个国家的居民吗？"如果回答是，这个国家就是甲国，否则就是乙国。

40.苹果箱子的秘密

答案：苹果在乙箱内。

41.谁才是智者

答案：采取假设法，结果乙是智者与题相符。

42.骑马受伤

答案：由1、2、4三个条件可知受伤者只可能是乔治或者亨利，由2、3、5三个条件可知受伤的人不是亨利，所以受伤的人是乔治。

43.糊涂的关系

答案：因为年轻人是老年人的女儿。

44.谁会说汉语

答案：C说的是真话，B会说汉语。

45.符合要求

答案：C。

46.一家四口

答案：妈妈在整理房间。

47.农夫的话

答案：农夫在撒谎，因为家鸭在经过长期的人工选育后，已经不会孵蛋了。

48.红绿灯
答案：小王说："它下一个会亮红灯。"

49.标准时间
答案：阿森混淆了"标准"的概念，两个三分钟比较的对象一个是标准的，一个是不标准的，所以阿森的推断是错误的。

50.两个箱子
答案：拿走两个箱子。因为魔法师不在，黑箱子里是不是空的就是确定的，将两个箱子拿走，那么至少会有1万元，如果只拿黑箱子，那么就有可能什么都得不到了。

51.走出迷宫
答案：迷宫的出口只有一个。根据三个路口上的话，如果第一个路口上的话是真的，那么两条路都是通向出口的，不合常理。如果第二个路口上的话是真的，那么两条路都不通向出口，所以小明应该选第三条路。

52.真正的古董
答案：因为公元前四十年时，我国使用的是帝号纪年法和干支纪年法，那时候还没有公元纪年的概念，所以那面铜镜是假的。

53.字母谜题
答案：字母 E，其他四个字母都是左右对称的。

54.数字的逻辑
答案：23，不难看出 3 与 5 的差为 2，5 与 8 的差为 3，8 与 12 的差为 4，依此类推，图中的数字应为 23。

55.电话密码
答案：密码是 322，方法是用同一行中的前一个数的前两位数乘以后两位数可以得出下一个数。

56.哪个图形不同
答案：D，只有它全部由线段组成。

57.毕氏三角数

答案：可将毕氏三角数还原为勾股定理。

$3^2+4^2=5^2$

$5^2+12^2=13^2$

$7^2+24^2=25^2$

$9^2+40^2=41^2$

第一列除个位外为奇数 3，5，7，9……个位的数字 2 变为平方；第二列除个位外增加 4 的倍数；加 8、加 12、加 16、加 20……；而第三列的数比第二列的数十位多 1，所以下一个是 $11^2+60^2=61^2$，即 121+3600=3721。

58.大挂钟

答案：需要 55 秒。虽然大挂钟敲了 12 下，但时间的间隔只有 11 下，所以是 55 秒。

59.与众不同

答案：D，只有它是不对称的。

60.逻辑游戏

答案：Z 应该是红色的。所有红色的字母都能一笔写完，黑色的字母不可以一笔写完。

61.有规有矩

答案：按照汉语拼音的字母顺序排列的。

62.符号补角

答案：满圆。变化规律是圆圈每次多 1/4 黑影。

63.谁是小偷

答案：因为列车停车的时候，车上的厕所时锁着的。所以丙在说谎。

64.用数字补全

答案：4。外圈格中两数字的乘积等于顺时针方向的下下格中的内圈数。

65.线索

答案：汉克斯死前将刀片绑在了鸟的爪子上，自杀后，鸟带着刀片从窗口飞走了。

66.数字排排站

答案：97642。

67.第二现场

答案：因为如果吉姆是在卧室里被杀的，屋里又停电，如果屋里点的蜡烛，过了 24 小时，蜡烛应该早就燃尽了，所以一定是有人夜里把尸体弄过来，走的时候忘了灭蜡烛。

68.贴错标签

答案：因为盒子的标签都是贴错的，所以贴着"黑白"标签的盒子里放着的不是两只黑球，就是两只白球。从贴着黑白标签的盒子中取出一个球，如果是黑球，则这个盒子应该贴的标签是"黑黑"，那么贴着"黑黑"标签的盒子就应该换成"白白"，贴着"白白"标签的盒子应该换成"黑白"。如果取出的是白球同理。

69.婆婆好福气

答案：列出她家的家谱自然就明白了。

70.蟑螂助断案

答案：蟑螂是不生存在野外的。所以被害人是在室内被杀后滞留，在尸体尚温时，蟑螂钻进了尸体的衣服里。

71.谁是凶手

答案：王老师是穿着睡衣死的，那么如果通过"猫眼"看到来访的是外人的话，就应该换上整齐的衣服来开门，显然凶手应该是王老师的男朋友。

72.逻辑推理

答案：N。

73. 色彩排列

答案：

赤	黑	橙	白	黄	灰	绿	翠绿	青	粉红	蓝	淡紫	紫

74. 生日在哪一天

答案：丁阿姨是在 1 月 1 日来拜访的，皮皮的生日是在 12 月 31 日。

75. 巧推理

答案：e。

76. 翻日历

答案：下一个 13 日且是星期五的日子是 7 月 13 日，相距 91 天。

77. 按规律填表格

答案：6。

78. 有五个星期二的月

答案：25 号。

79. 老地质队员之死

答案：因为在野外工作，帐篷不能支在大树底下是常识，这样的话，天气骤变可能会有被雷击中的危险。作为老地质队员，死者是不会犯这样的错误的，因此应该是有人将他杀害后伪造了现场。

80. 亮亮请病假

答案：因为如果用圆珠笔仰着写字，那么圆珠笔很快就会因为没油写不出字来，所以老师就判断亮亮在撒谎。

81. 找规律

答案：6。上两行数字之和的一半就是下一行的数字。

82. 包拯断案

答案：包拯下令把孩子砍成两半，一人一半，一位母亲表

示同意，另一位母亲则坚决不同意，宁可把孩子给对方。包拯于是马上下令把同意的人抓了起来，因为只有孩子的亲生母亲才会真的心疼自己的孩子，她又怎么会同意杀死孩子呢？

83.各就各位

5	10	15	20	25
4	8	12	16	20
3	6	9	12	15
2	4	6	8	10
1	2	3	4	5

答案：

84.分苹果

答案：梅梅 7 岁，冰冰 10 岁，雷雷 16 岁。

85.猜一猜

答案：乙。

86.排座位

答案：位置是应该是这样的：中国人，新西兰人，英国人，法国人，日本人。

87.开玩笑

答案：丙去上海，乙去北京，甲去大连。

88.换一种说法

答案：C。

89.出生日期

答案：吉姆出生在 1892 年。

90.猜职业

答案：小王是瓦匠，小李是鱼贩，小蒋是木匠。

91.转盘上的数

答案：18。

92.谋杀

答案：右手不能动的人是不会把东西放进自己右边的口袋的，肯定是别人故意放的。

93.发现陆地

答案：要知道，企鹅的潜水本领并不大，所以石子不可能是它潜到海底吃到的，只能是在附近的陆地上吃到的。

94.盲人分衣服

答案：把衣服拿到阳光下，一会之后，黑色的衣服因为吸光多就会温度高一点儿，而白衣服温度会儿低一些。

95.我们都知道

答案：4 枚 10 美分，1 枚 25 美分，一枚 50 美分。

96.找共同点

答案：第一组的注音都是一声，第二组数字都是四声，第三组数字都是三声。（特别提示：不要看到数字只想到用数学方法解决哦。）

97.谁才是姐姐

答案：此题中不可能存在一人说谎的情况，所以两个人都说谎了，小秋是姐姐，小华是妹妹。

98.把表格补全

答案：26。第一列乘以第二列加上第三列等于第四列。

99.找不同

答案：将图形旋转，你会发现 B、C、D 是同一个图，而 A 则与它们不同。

100. 谁是另类

答案：H。因为只有 H 是左右对称，其余都不是。

101. 七个兄弟姐妹

答案：男孩有：A、B、E 和 G 四人；女孩有：C、D 和 F 三人。

102. 重新排列

答案：1 1 2 3 5 8 13 21

规律：前两个数之和等于后一个数，这是世界上著名的斐波那契数。

103. 选图填空

答案：B。将图 1 垂直翻转 180° 再顺时针旋转 90° 得到图 2，同样的，将图 3 按同样的方法变换就会得到 B 图。

104. 可恨的老鼠

答案：星期六。

105. 方方框框

答案：B。因为只有 B 的方框个数为偶数。

106. 弹孔破案

答案：根据玻璃被破坏的纹路能够猜出最后一枪的弹孔是 C。

107. 神奇的阶梯

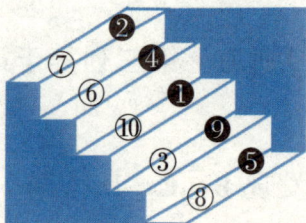

答案：

108.红黄蓝绿

答案：

109.倍增鸡蛋

答案：箱子中鸡蛋全满的时候是在 60 分钟，而箱子只有半箱的时间是在第 59 分钟。

110.黑暗中的信封

答案：不对，只要装错就至少涉及两封信。

111.不准的闹钟

答案：36 分钟。

112.可爱猫咪

答案：①H；②D；③C；④G；⑤B；⑥F；⑦E；⑧A。

113.印错的扑克牌

答案：C。

114.姐姐和妹妹

答案：姐妹都是在飞行的飞机上出生的。姐姐出生时飞机还没过日界线，妹妹则是在飞机飞过日界线后才出生。

115.智慧五环

答案：6。下行两个圆环内每位数字为上行正上方左右两个圆环内同位数字相加之和。如：7+2=9。

116.四个"T"

答案：56。每个 T 的竖排第 3 个数字都是横排右侧数字

和横排中间数字的积。

117.汉字巧推理

答案：D。图中的四个汉字都是左右结构，选项中只有"野"是左右结构。

118.棋盘上的智力题

答案：棋局应该按照这样步骤进行：

① 皇后走到 c3 造成了对国王的威胁，国王就只能躲到 a2 保命。

② 皇后走到 c1，这时国王无法再走到其他地方就只能斜着走到 b3。

③ 皇后平移到 a1,国王就只能走到 c2，因为其他地方都是在皇后的封杀范围之内。

④ 皇后向上到 a2 对王叫吃，国王避到 c3 保命。

⑤ 皇后斜飞到 b1，使国王不得不躲到 d2。

⑥ 皇后走到 b2，再次叫吃，国王避免走进 d3，这时只能走进 d1。

⑦ 皇后由 b2 退到 a2，在皇后的严密监控下，国王无法向上到第 2 行，但是他又不能不走，就只能走到 c1 格。

⑧ 皇后斜飞到 b3，国王就只能又回到 d2,处于十分被动的状态。

⑨ 皇后并不走到 b2 对国王叫吃，而是走到 b1,国王除了走到 c3，他无路可逃。

⑩ 这时皇后走到 a2，国王想要向左向下都行不通，只能乖乖地走进 d3 中。

119.潮流

答案：①是最正确的。

因为根据上面的叙述，高跟皮鞋在女人中流行，但是由于男人不认同，所以渐渐不流行了。而双排扣西装不能受到女人的欢迎而退出了潮流的舞台。所以①是最正确的。

120.麦蒂被捕

答案：麦蒂的计划方案就是更换商品的条形码，他将相同商品的小包装上的条形码换到了大包装上，他买的都是大包装，但是条形码上显示的都是小包装的价钱，否则他应该再支付至少 3 倍以上的钱，收银员发现了其中的一个条形码不对，就按响了警铃，这样麦蒂就被捕了。

121.家居用品
答案：凯瑞·丁格购买的是电脑，并且把它放在了温室里。
艾米·格林购买的是电视机，并且放在卧室里。
克拉拉·格林格斯购买的是家庭影院，并且放在了客厅里。
艾米丽·辛普森购买的是无绳电话，并且放在了厨房里。
米歇尔·普瑞格购买的是书柜，并且放在了书房里。

122.串讲故事
答案：她说道"写到这里，年轻的作家将页面上的字全部删除，并自言自语地说道：'这样俗套无聊的故事，怎么会出自我的手笔呢？'

123.将会发生什么
答案：当小和尚开始拉绳子，想让钟向上升时，他会发现自己也跟钟一起升到了空中，并且自己离地面的距离和钟距离地面的距离是相等的，无论他拽得快还是慢，他和钟距离地面的高度都始终是相等的。到最后，小和尚会和那口钟一起到达钟楼的上面。

124.定义判断
答案：A C D

125.作画的日期
答案：画家作画的具体时间应该是春分日的中午 12 点整。
因为基多地处赤道，每年会有两次太阳光直射地面。分别是春分日和秋分日。同时在这两天的中午 12 点，太阳正值赤道天顶，光线直射地面。这时阳光可以直射到深井的井底，地面上的建筑物、树木、景物等都没有一点影子。由于画家是在春天来到这里的，所以画家作画的具体时间应该是春分日的中午 12 点。

126.图形找规律(1)
答案：C。在图形中每横行中黑色小球数目相同的图形有两

个，而白色小球数目各不相同。

127.图形找规律（2）

答案：A

128.图形找规律（3）

答案：B。每一行的图一和图二外部去掉相同的，保留不同的就是图三的外部，而图一和图二内部直线数目相减得到图三的内部，黑点都保持不变。

129.图形找规律（4）

答案：D。每一行前两个图形叠加，取相同的部分就是第三个图形。

130.逻辑思维能力

答案：不能。由①可知标注日期的信——用蓝色信纸写的；由②可知：皮特写的信——以"亲爱的"开头；由③可知：不是乔治写的信——不用黑墨水；由④可知：收藏起来的信——不能看到；由⑤可知：只有一页信纸的信——标注了日期；由⑥可知：不是用黑墨水写的信——做了标记；由⑦可知：用蓝色信纸写的信——收藏起来了；由⑧可知：乔治的信——不以"亲爱的"开头；由⑨可知：作标记的信——只有一页信纸。

由此可以推知：皮特写的信——不是乔治写的信——不是用黑墨水写的——做了标记——只有一页信纸——标注了日期——用蓝色信纸写的——收藏起来了——朱莉看不到。所以，朱莉看不到皮特写的信。

131.比较高低

答案：甲比乙高。因为这 100 个高矮不同的人的排列是随机的，所以甲和乙在任何一个位置上都能够出现，但是总会有下面这四种情况：

① 甲和乙在同一行中。这里尽管甲是高个中的矮子，但是在同行中，他总是最高的。所以甲比乙高。

② 甲和乙在同一列中。尽管乙是矮子中的高个，但是在这同一列中，乙是最矮的。所以甲比乙高。

③ 甲和乙既不在同一行，也不在同一列中，那么我们就找一个中间人丙，他既和甲在同一行又和乙在同一列，因为甲是同行中最高的，所以甲高于丙，而乙是同一列中最矮的，所以乙低于丙，综合来看是甲高于乙。

④ 特殊的情况是甲和乙是同一个人。

所以除了④那种特殊的情况以外，无论在任何情况下，甲都比乙高。

132.确定

答案：甲是 A 公司的职员，他们的电话号码是 7904；乙是 C 公司的职员，他们的电话号码是 6236；丙是 B 公司的职员，他们的电话号码是 3581；丁是 E 公司的职员，他们的电话号码是 2450；戊是 D 公司的职员，他们的电话号码是 8769；甲在 10 点 50 分给 B 公司打了电话，拨打的号码是 3581；乙在 10 点 35 分给 A 公司打了电话，拨打的号码是 7904；丁在 11 点 20 分给 D 公司大电话，拨打的号码是 8769；戊在 10 点 20 分给 E 公司打了电话，拨打的号码是 2450。

133.数字卡片

答案：如果看两遍，你可以第一遍的时候迅速数一下卡片 a、b 或是 c、d，如果是 20 张，那么说明抽出去的是 c、d 或是 a、b。在第二遍的时候就可以迅速数一下你确定被抽出的两种字母的卡片，是 9 张的就是被抽出去的。

如果是看一遍，方法是这样的：把 a、b、c、d 分别记作 1，2，3，4。看卡片的时候要做加法加到 10 就舍去，加到最后，如果结果是 9，那么抽去的一张就应该是 a；如果是 8，那么抽去的一张就应该是 b；如果是 7，那么抽去的就应该是 c；如果是 6，那么抽去的就应该是 d。

134.奇怪的钟表

答案：这只表的毛病就出在了钟表师傅调换表针的时候，粗心的钟表师傅将时针装在了分针轴上，而将分针装在了时针轴上。而小王 8 点 10 分的时候看到时钟是准的，这是为什么呢？这是因为钟表师傅第一次将钟拨到了 6 点整，到 8 点 10 分

的时候，小王有毛病的钟表的时针是走了2圈还多10分钟，所以时针是转到了数字8超过了一点，而这时分针就应该从12走到了2超过了一点，所以碰巧这时看表钟表是准的。所以如果细心观察这个有毛病的钟就能够发现其实是两根针安反了。

135.幽灵之谜

答案：声音在水中传播的速度是在空气中传播速度的5倍，但是克莱在水中仰泳时耳朵是埋在水中的，所以他听到了由水中传来的爆炸声，当他从水中抬起头的时候，耳朵离开了水里，于是就又听到了由空气传导的爆炸声。因为当时克莱的情绪很紧张，再加上爆炸声在水中传导的失真，使得受到惊吓的克莱真的以为水中传来的爆炸声是幽灵发出的吼叫。

136.猖狂的走私贩

答案：因为"老姜"走私的是他开的那辆高级跑车。

137.凶手是何人

答案：凶手是和尚，因为死者接触的人当中只有和尚是带着串珠的，所以死者这是在暗示凶手是一个和尚。

138.约翰寄来的信

答案：约翰去的神奇的地方是死海。死海位于以色列和约旦两国的交界处，死海中的盐分含量很高，差不多是一般海水的7倍，所以浮力很大，人在水中根本不会下沉，所以即使不会游泳的人也能够自由自在地在水面上躺着。因为死海比海平面低390米，所以只要约翰向下潜一点点，就是海平面以下390米。

139.风中的浓烟

答案：这道题是考你的反应能力和思考分析的能力，其实题目是有迷惑性的，因为现在的电动机车是不像以前的蒸汽机那样冒浓烟了。

140.航海

答案：游艇能够比潮水更快地离开那个无风地带。杰克认为的无风地带其实只是相对于静止的物体而已。游艇被潮水推动，那就会产生风，并且这种风还是顶风。如果游艇顶着风也能前进，那么利用这种风，游艇就完全有可能比潮水的速度更快。

141.清扫工作

答案：这样安排并不合理。因为当 4 号到达下一个拐角时，1 号并不在那里能够接替 4 号的工作。

142.满意的答案

答案：首先应该将水龙头关掉。

143.图框推理

答案：4。在叠加部分的数字是两个叠加的四边形中数字之和，所以问号处的数字应该是 4。

144.小人表情

答案：E。因为其他几个的表情都是曲线构成的，而只有 E 中没有曲线。

145.更正错误

答案：D。因为在其他的区域中，圆圈只是被叠加在了 2 个图形中，而在 D 中，圆圈被叠加在了 3 个图形中。

146.建桥游戏

答案：如图所示：

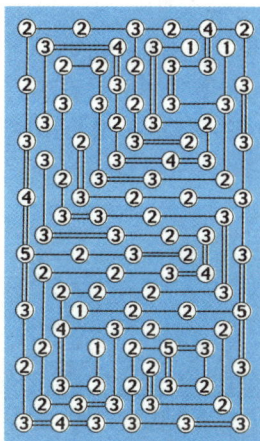

147.拆弹专家

答案：要先按第二列、第二行的 1D 键。

148.阴影几何

答案：面积是 80 平方米。仔细观察我们能将整块土地划分成 5 块同阴影部分面积相等的正方形，整块土地的面积是 400 平方米，阴影部分是整块面积的 1/5，所以是 80 平方米。

149.黑夜过桥

答案：如图所示：

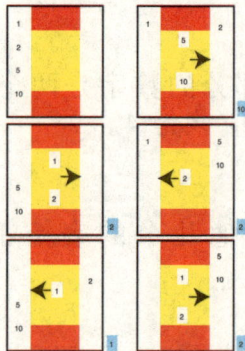

150.如何取药

答案：将软木塞按到瓶中，就可以从完好的瓶中取出药片了。

151.数字的关系

答案：问号处的数字应该是 6835。

因为根据观察我们知道六角形在图形外面表示 45，在里面表示 35；正方形在外面表示 68，正方形在里面表示 24；圆形在外面表示 45，圆形在里面表示 35。

152.生物推理

答案：

生物	国家	特征	财宝
矮人	挪威	心肠很坏	钻石
小妖精	威尔士	排外性	金子
巨人	苏格兰	讨厌的	红宝石
妖精	爱尔兰	淘气的	绿宝石
小鬼	英格兰	丑陋	银子

153.寻找相同的图形

答案：没有一模一样的图形。

154.格子迷宫

答案：纵向：

一、世界贸易组织。二、执法如山。三、核反应堆。四、球迷。五、夫子。六、比如女人。七、生态平衡。八、社科院。九、联合国安全理事会。十、邢慧娜。十一、风险基金。

横向：

1.世界足球先生。2.联通。3.太平天国。4.易如反掌。5.安小慧。6.堆积如山。7.理科。8.包法利夫人。9.社会保险。10.金山。11.养老院。12.千金。

155.称铅球（1）

答案：可以选择天平来称量。如果是 3 个铅球中有 1 个轻一点的，那么就可以将 1 个铅球和另 1 个铅球分别放在天平的两端，通过两次，就能找到哪个是轻的。

现在是 9 个，所以可以将铅球 3 个为一组分成 3 组，取出两组来称量，然后再按上述的方法称量一次就能够找出比较轻的那一个了。

156.称铅球（2）

答案：其实解题的思路和上面的题是相似的。这次数量多应该将铅球一一编上号，1、2、3、4、5、6、7、8、9、10、11、12、13。1、2、3、4 为一组，5、6、7、8、为一组，9、10、11、12、13 为一组。

一共有三种情况。

第一种情况：1+2+3+4 >5+6+7+8 这就说明 9、10、11、12、13 是正常的。接下来按照如下的顺序放铅球：1 2 3 5 6 和 9 10 11 12 13

这时重量会有三种可能的情况：

①1+2+3+5+6>9+10+11+12+13

这说明有问题的铅球比正常的重，并且是在 1 2 3 中，再将 1 和 2 放到天平上去称。

这样就能知道问题铅球是哪一个了。

② 1+2+3+5+6<9+10+11+12+13

这说明问题铅球比正常铅球轻。并且是在 5 和 6 中，将 5

和 6 放到天平的两端去称，就可以知道问题铅球是哪一个了。

③ 1+2+3+5+6 =9+10+11+12+13

这说明问题铅球在４７８里，应该注意到７８都比４轻，将 7 和 8 放在天平上，就可以知道４７或者8。

第二种情况：1+2+3+4 =5+6+7+8

这说明问题铅球在 9、10、11、12、13 里，那么按这样的顺序称铅球：9、10、11 和 1、2、3

这时重量仍然有三种情况

① 9+10+11=1+2+3

说明问题铅球在 12 和 13 中，把 12 和 13 称一次就知道答案。

② 9+10+11>1+2+3

这说明 9 10 11 中有比较重的铅球，再称一次就可以知道答案了。

③ 9+10+11<1+2+3

可以知道在 9、10、11 中有比较轻的问题铅球，那么再称一次就能够知道答案。

得三种情况：如果 1+2+3+4 <5+6+7+8，那么处理的方式就与情况①相似。

157.棋盘中的成语

答案：一马当先，按兵不动。

158.重排顺序

答案：独上江楼思渺然，风景依稀似去年。
同来玩月人何处？月光如水水如天。

159.诗谜动物

答案：龟，鹊，金鱼，狮子，蜂，虎，鸳鸯，蜻蜓，猿，凤凰。

160.按图吟诗

答案：启窗日日对青山，山色青青不改颜。

我问青山何日老？青山问我几时闲。

161.一道题选徒弟

答案：将房子建在南极点上，这样的话，房子四面的窗子都朝北。

162.戴隐形眼镜购物

答案：眼镜框

163.滚球游戏

答案：如果保尔想赢得这一局，他应该击倒 6 号木柱，这样木柱就将被分成 1 根、3 根、7 根三组，有了这个关键一击，以后只要保尔采取正确的策略，他就一定能够赢得这一局比赛。

164.给车加油

答案：先用一辆汽车牵引着另一辆车，直到将油耗尽，再由另一辆车将没油的车牵引到加油站。

165.李白买酒

答案：原来壶中有 7/8 斗的酒。

根据"三遇店和花，喝光壶中酒。"可知，这个人是先遇店，后遇花。所以第三次遇花前，壶中剩下的酒应该是 1 斗，那么第三次遇店前壶内应该是 1/2 斗的酒，按照这样的思路推断，第一次遇店前壶中的酒应该是 1/2（3/4+1）=7/8（斗）

166.师长的测试题

答案：

167.卡片中藏玄机

答案：因为数字是标在卡片上的，所以可以将 6 掉过来变成 9 来使用，这样就可以这样组合：1，2，4，5 为一组，和是

12，而将3，7，8，9，9分成一组，其和是36，解决问题要灵活思考，利用一切可以利用上的条件。

168.圆圈趣题

答案：将左边的小球转移到右边的一个地方，使它能满足如图所示的情况即可。

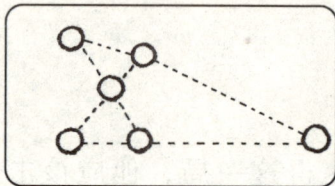

169.有趣的实验

答案：阿丫的实验会成功。因为水是导体，如果将带电的塑料板碰到水流的话，水就会将电子从塑料板上带走，这样实验是不会成功的。而阿丫是让塑料板靠近水流，并不碰到水流，这样带电的塑料板对不带电的水流就产生了吸引力，水流会向带电的塑料板的方向弯，这样就成功地将自来水流变弯了。

170.迷失方向的老鼠

答案：老鼠没有自己的思想，他们只会机械地跟从领头的老鼠。当他们形成一个流动的圆，各自既为首又为尾的时候，会形成一个无限循环的运动状态。当它们盲目跟从久了，就会丧失自己选择方向的能力，所以当队伍从电线上掉下来，分散开来的时候，它们就会迷失方向。

171.安全着陆

答案：将飞机降落到海拔2000米以上的地方。

172.水桶中的鸭子

答案：鸭子能游泳是因为鸭子的羽毛不怕水，为什么鸭子的羽毛不怕水呢？那是因为在鸭子的尾部有一个尾脂腺能够不断分泌脂肪，鸭子经常用头将脂肪涂在羽毛上，让脂肪将水和羽毛隔开，这样羽毛就不会被浸湿，鸭子就能够自由地在水中游泳了。但是商贩的这些鸭子的羽毛很脏，有的还粘在了一起，这样脂肪就无法起到防水的作用了，羽毛在水中很快就会被浸湿，要不了多久，鸭子就会在水中淹死。

173.乱敌军阵脚

答案：因为白天金兵的战马都没有喘息的机会，到了晚上一定是非常疲劳、饥饿，一闻到豆子的香味，便会抢着吃地上的豆子，这样金兵就会乱作一团，金兵的失败也是意料之中的事情。

174.巧分粗盐和胡椒粉

答案：晓霞在厨房中找到了一个毛料抹布和一把塑料调羹，将两样东西进行摩擦，然后用带电的小塑料调羹去接近粗盐和胡椒粉的混合物，这样分量比较轻的胡椒粉就会立即被吸附在调羹上。但是不能放得太低，因为这样的话，盐也会被吸起来的。

175.究竟是什么颜色的熊

答案：①是一只北极熊，是白色的。因为只有在北极，这只熊才能向南走一里，再向东走一里，然后向北走一里后会回到出发点。生活在北极的熊就是白色的北极熊。

②是白色的北极熊。因为地球不是圆形的，而是椭圆形。在地球上离地心较近的是地球的两极，根据万有引力定律，离地球的地心越近，地球的引力就越大，只有地球的两极才有可能2秒钟跌落20米，因为南极没有熊，所以这只熊也是一只白色的北极熊。

③下落的速度那么慢，那只熊只能是一只充气的玩具熊，它的颜色就随你喜欢喽！

176.暗淡的琥珀

答案：因为丝绸和琥珀在一起会摩擦生电，产生的静电会吸附空气中的灰尘，这样覆盖灰尘的琥珀首饰就会显得暗淡无光。

177.舍己救人

答案：加达将自己地里干透的庄稼点着，在几秒中内就火

光冲天，山下的村民看到山上的火光都匆忙跑到山上看看出了什么事。最后，人们在庄稼燃烧的灰烬中找到了加达的尸体，而这时他们往下看自己的村子已经是汪洋一片。大家这才明白，加达牺牲了自己是为了挽救全村的居民。

178.掉进杯子里的壶塞

答案：继续往杯中倒水，一直到杯子中的水高出杯子一点点，形成了凸起的水面，这样停在贴近杯壁的地方的壶塞就会慢慢移到杯子的中央。

179.猜一猜

答案：前三个条件说的是中国象棋。因为中国象棋上有比喻楚汉相争的楚汉河界；中国象棋就像一场纸上的战争，变幻无穷，玄机无限，所以被成为纸上谈兵；中国象棋一共有三十二颗棋子。所以这几个词描述的是中国象棋。而最后的拿不定主意说的成语就是"举棋不定"。

180.罗马数字等式

答案：

$$VII - V = II$$

81.巧妙分油

答案：把两个瓶子放在水里，将油分别倒在两个瓶子里，直到两个瓶子浮在水面上的高度相等时，就代表油被平均分了。

182.字谜

答案：磨。

183.杯子排队

答案：将 2 号和 4 号杯子里的水倒进 7 号和 9 号的杯子里就行。

184.巧分橘子

答案：每个篮子里的橘子数分别是 60、16、6、6、6、6。

185.颠倒的椅子

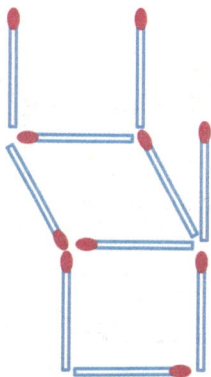

答案：

186.哪里出错了

答案：问题出在两地日期书写的方式不同，美国的格式是月／日／年，欧洲的格式是日／月／年。

187.巧带鸡蛋回家

答案：明明把篮球的气放掉后，把篮球压成一个半圆形，然后把鸡蛋装在里面带回了家。

图书在版编目（CIP）数据

甩掉糊涂虫的帽子／崔钟雷主编. -- 北京：知识
出版社，2014.10
（智慧魔方大挑战）
ISBN 978-7-5015-8242-6

Ⅰ．①甩… Ⅱ．①崔… Ⅲ．①智力游戏 – 少儿读物
Ⅳ．①G898.2

中国版本图书馆 CIP 数据核字(2014)第 225221 号

智慧魔方大挑战——甩掉糊涂虫的帽子

出 版 人	姜钦云
责任编辑	周玄
装帧设计	稻草人工作室
出版发行	知识出版社
地　　址	北京市西城区阜成门北大街 17 号
邮　　编	100037
电　　话	010-88390659
印　　刷	北京一鑫印务有限责任公司
开　　本	889mm×1194mm　1/16
印　　张	8
字　　数	40 千字
版　　次	2014 年 10 月第 1 版
印　　次	2020 年 2 月第 3 次印刷
书　　号	ISBN 978-7-5015-8242-6
定　　价	28.00 元

版权所有　翻印必究